행복의 주소

행복의 주소

초판발행 2024년 8월 16일
지은이 윤상희
펴낸이 신지원
펴낸곳 도서출판 소소담담
등 록 2015년 10월 7일(제2017-000017호)
주 소 대구광역시 북구 호국로43길 7-19
전 화 053-953-2112

ISBN 979-11-94141-02-0 (03810)
ⓒ 윤상희, 2024

＊저자와 출판사의 사전 동의 없는 무단 전재 및 복제를 금합니다.

행복의 주소

윤상희
수필집

• 작가의 말

 문득 뒤돌아보니 아쉬움이 남습니다. 삶은 어김없는 선택의 연속이었습니다. 명예퇴직으로 교직 생활을 접고 늦은 나이에 선택해서 시작한 글쓰기이기에 그 소중함은 더 크고, 최선을 다해 쓰고 싶었습니다.
 세상에 아름다운 사연들은 천지에 널려 있고, 나는 그저 있는 그대로 그려내는 것이 버거울 따름입니다.
 글쓰기는 나와의 만남입니다. 위안이고 치유의 지름길입니다. 나를 성찰하고 삶의 가치와 의미를 부여하는 내 삶의 길잡이가 되었습니다. 그러면서 작은 꽃들을 피웠습니다.
 지나온 삶의 자국들이 글로 빚어질 때 인생은 향기를 머금고 다시 태어납니다. 말로 할 때는 넋두리로 들릴 이야기도 글로 빚어지면 한 송이 꽃이 됩니다. 치부를 들킨 것처럼 부끄럽지만, 생긴 대로 다듬지도 꾸미지도 않은 민낯 그대로입니다.
 꽃은 향기가 있어야 사랑을 받지요. 내 글이 어떤 향기로 독자들에게 다가갈까 걱정이 앞섭니다. 사소한 거라도 진솔하게 표현해서 공감과 위로가 되는 글을 쓰고 싶었습니다. 누군가 어설픈 내 노래에서 함께 웃으며 위로받고, 행복한 에너지가 전달되

길 간절히 바랍니다. 내 삶이 온유하게 녹아서 누군가에게 향기를 묻히는 한 송이 꽃이 되기를!

먼 훗날 어디쯤에서 아이들이 제 어미가 그리워지는 날이면 만날 수 있도록 흔적을 남기려 책으로 묶었습니다. 그리움을 토닥이며 허전함을 채워줄 수 있었으면 좋겠습니다. 미욱한 내 모습이 훗날 아이들에게 곱고 예쁜 모습으로 비치고 싶습니다.

내 아이들은 제 어미의, 할머니의 흔적을 따뜻하게 보듬어 주리라 믿습니다. 엄마가 허술했던 부분을 아이들은 살피면서 반듯하게 살았으면 좋겠습니다.

경탁아, 근희야, 선희야, 사랑해! 많이, 많이.

그동안 편한 마음으로 글을 쓸 수 있도록 곁에서 지켜 주고, 격려해 준 남편과 자식들에게 고맙다는 말을 전하고 싶습니다. 또한, 함께한 글 벗들에게도 감사함을 전합니다. 서툰 글 곱게 묶어 준 '소소담담' 출판사에 감사드립니다.

2024년 여름
윤상희

• 차 례

작가의 말   04

1부 목화 곁에서

과꽃   13

청솔가지   16

국수 꼬리   21

유년의 소나타   25

기적 소리   28

목화 곁에서   34

숙제   39

삶의 활력소, 해프닝   43

세월을 노래하다   47

카르마   52

2부 꽃살문

종지 59

들꽃 64

잉걸불 68

노둣돌 73

이불 홑청 78

꽃살문 82

놋 주발 88

가시 93

적묵 98

푸석돌 103

3부 작은 행복

흉터　　109

괜찮아　　114

재롱잔치　　118

링 타이　　122

작은 행복　　125

마음의 문　　128

첫 집　　132

반전　　137

무언 설법　　142

만만다행　　146

4부 승화의 날개

그 향기　153

화살　157

너울지기　160

행복의 주소　165

하모니　170

승화의 날개　174

이만하면　179

창　185

반룡사를 거닐며　189

백 점 인생　194

5부 보이지 않는 길

판타지아　　201

칠푼 마누라　　205

수산복해 壽山福海　　208

빗장　　212

도전　　216

띄우지 못한 청첩장　　220

지게 위의 꽃다발　　225

아카펠라　　229

팡파르　　234

보이지 않는 길　　238

슛Shoot　　243

1부
목화 곁에서

"목화솜 이불은 내게 언제나 사랑이었던 할머니의 따뜻하고 포근한 품과도 같았기 때문이다. 언덕배기에서 목화솜을 따며 옷고름을 적시던 할머니의 눈물방울들이 아직도 솜이불 속 구석구석에 깃들어 있는 것 같아서 애잔함으로 가슴이 저려 올 때도 있었다."

과꽃

'따르릉' 전화벨이 요란스럽다. 늦은 시간에 누굴까? 수화기를 드는 순간 친구가 다급한 목소리로 빨리 KBS TV '가요무대'를 보란다. 채널을 돌렸다. 진행자의 마이크에서 내 이름 석 자가 불리고, 두루마리 족자가 화면으로 펼쳐지며 "48년 전 시골 작은 학교에는 여선생님이 처음으로 부임해 오셨고, 선녀처럼 예쁜 선생님이셨다. 음악 시간 오르간에 맞추어 〈과꽃〉을 가르쳐 주셨던 선생님과 함께 듣고 싶습니다. 신청곡은 〈그리움은 가슴마다〉"이다. 너무 감격에 겨워 눈물이 핑 돌았다.

사십팔 년 전 열아홉 꽃다운 나이에 첫 발령을 받고, 버스로 한참 가다가 내려 십 리 길을 타박타박 걸어 낯선 초등학교에 도착했다. 6학급 규모의 작은 시골 학교로, 4학년 담임을 하게 되었다. 아이들 가운데에는 나와 나이 차이가 한두 살 정도밖에 안 되는 늦깎이 학생도 있었다. 나도 아이들도 음악 시간은 신이 났고, 교과서에 실리지 않은 동요도 가르쳐 주었다. 그때 발표된 지 얼마 되지 않은 〈과꽃〉은 시골 어린이들에게는 생소하면서도 정감 넘치는 곡이었을 게다. 아주 애잔하게 불렀고, 지금도 그 노래를 들으면 아련한 기억 속으로 나를 데려간다.

지금은 폐교가 돼버리고 교실만 덩그러니 서 있다. 운동장은 잡초만 바람에 나부끼고, 잡초 사이를 아이들의 웃음소리가 귓전에 어렴풋이 감긴다. 〈과꽃〉 노랫소리가 귓불을 맴돈다. 과꽃, 조금은 촌스럽고 수줍음이 대롱대롱 매달려 있어 갓 시집온 새색시처럼 볼 붉히는 꽃. 운동장 어디에도 과꽃은 보이지 않는다. '시집간 지 왼 삼 년 소식이 없는 누나가 가을이면 더 생각나요'

노랫소리는 목이 메어 차마 못 내 보고 목 안에서 침만 삼키며 머뭇거리고 서 있다.

우리 내외는 교직에 몸을 담았다. 남편은 중등에, 나는 초등에서 젊음을 다 보내고, 퇴직한 지도 벌써 여러 해가 지났다. 해마다 스승의 날이 가까워지면 그이에게는 각지에서 전화가 걸려오고 편지가 오는데, 나는 그런 전화를 가뭄에 콩잎 나듯 한두 번 받을까 말까다. 내심 나는 참 교직 생활을 허투루 했나 보다, 제자들의 기억에서 사라져 버렸거나 아니면 행여 나쁜 기억으로 자리한 것은 아닐까 하는 기우로 자존심도 상하고, 남편 보기에도 창피한 생각이 들었다. 그럴 때마다 저학년 담임을 많이 해서 철없던 시절의 선생님을 기억이나 하고 있으려나, 자위하곤 했었다.

KBS 가요무대는 5월에 듣고 싶은 노래를 사연과 함께 묶어서 들려주는 시간으로, 부산에 사는 제자가 사연과 함께 신청했고, 그 글이 채택되었나 보다. 발령받고 초임 처음 담임한 제자가 나를 기억해 준다는 건 너무나 큰 감동이다. 한참 동안 전율을 느끼게 했다.

아이들이 떠난 운동장에는 해님도 심심해서 가버리고 말끔히 청소된 운동장 끄트머리에 해그림자가 드리우면 창가에 서서 문학을 꿈꾸던 시절 참 곱고 맑기만 했던 것 같다. 제자의 얼굴이 가물가물 떠오르고 그이에게 주눅 들었던 마음도 조금은 당당해진다. 37년의 교직 생활을 보상받은 느낌이라고나 할까. 권○○이가 나를 행복하게 해준다.

햇살 가득한 창가에 앉아 먼 하늘을 본다. 구름 저 너머에는 행복한 사람만 살고 있을 것 같다. 나도 누군가를 행복하게 해줄 수 있는 방법을 찾아 봐야겠다. 어디선가 〈과꽃〉 노랫소리가 어렴풋이 들려온다.

청솔가지

팔공산 수태골을 다시 오른다. 몇 주 전에는 울긋불긋 찬란한 빛으로 가을을 찬미하느라 법석이었는데, 화려한 날개를 벗어 던진 활엽수의 모습은 흡사 축제가 끝난 파장 같은 쓸쓸함이 겨울을 재촉하는가 보다.

봄이면 연둣빛 새순을 바라보며 희망에 부풀고, 초여름이면 신록의 향긋함에 덩달아 힘이 솟는다. 삼복염천에는 짙푸른 녹음이 지친 심신을 풀어주는 안식처를 제공해 주니 그런대로 좋다. 그리고 가을이면 불타는 열정으로 사람들을 불러 모은다. 그러나 겨울이 오면, 내게는 아린 사연 하나가 중추신경에 걸려 있다. 연둣빛 새싹을 키워 팔랑팔랑 반짝이는 재롱도 보고 꽃과 열매를 맺어 흐뭇 한때도 다 지나가고 외롭게 남아 산을 지키고 있는 나목은 오직 자식들을 위한 기도에 여념이 없는 시어머니의 모습과 겹친다.

앙상하게 벗은 나목과 유난히 대비되는 게 소나무. 소나무의 고고한 품격은 세한도에 멋스럽게 회자되었고 애국가 가사에서도 꿋꿋함을 노래하였다. 다만 내게 각인된 소나무의 이미지는 그런 사치스러운 사연과는 동떨어진 아픔이 얽혀있다. 스산한 바람 탓인가, 오늘따라 솔숲에서 시어머니의 체취가 진하게 밀려온다. 뾰족한 솔잎 끝이 명치를 찌른다. 납덩이처럼 무거운 청솔가지 단을 힘겹게 머리에 이고 야음에 골짜기를 내려오시던 시어머니가 자꾸만 눈앞에 어른거린다. 청솔가지 한 단의 무게가 도대체 얼마이기에 내가 그토록 울컥했을까.

신혼 시절, 겨울 방학을 며칠 남겨둔 추운 겨울날이었다. 갑자기 어두침침한 하늘에서 함박눈이 내리기 시작했다. 서둘러 퇴근해 마당에 들어서는데 인기척이 없다. 어머님이 늘 퇴근 시간에 맞추어 저녁 준비를 해 주셨기에 걱정이 앞섰다. 안절부절못하고 있는 내게 주인집 할머니가 *만석봉에 가셨다고 일러 주었다. 놀란 가슴을 쓸어내리며 눈길 속으로 서둘러 마중을 나섰다.

하늘은 일 년 내 모아 둔 눈을 한꺼번에 쏟아 내렸는지 윙윙 소리를 내며 거침없는 폭설을 뿌려대었다. 임신 8개월이었던 나는 남산만 한 배를 앞세우고 눈 속으로 한 걸음씩 걸음을 재촉했다. 아버님을 여의고 얼마 되지 않아 안 그래도 가엾어 보이고 늘 눈가에 눈물방울을 달고 계신 어머님이었다. 오늘 같은 날 왜 산으로 향했는지 모를 어머님을 걱정하며 발걸음을 내딛는데 갈수록 눈바람은 더 거세어졌다. 한참이 지나서야 동네 어귀에 허적허적 가쁜 숨을 몰아쉬며 돌아오시는 어머님을 만났다. 온몸이 눈사람처럼 하얗고 창백한데 머리 위로 청솔가지 묶음 한 다발을 이고 오신다. 어머님의 하얀 머리 위로도 청솔가지 묶음 위에도 함박눈이 소복이 내려앉아 있었다. 반가움에 "어머님!" 하고 불렀더니 흠칫 놀라시며 "춥다. 어서 가자. 왜 나왔노?" 하시며 겸연쩍어 하셨다. 안도의 한숨을 내쉬며 나뭇단을 뺏다시피 받아 머리에 이었다. 어머님과 함께 집으로 오는 내내 눈물이 멈추지 않았다. 한가득 부른 배로 머리에 한 다발 청솔가지를 이고 오면서 내가 왜 그렇게 우는지 알 수 없었다. 오히려 궁상스럽게 왜 이러시냐고 어머님께 쏘아붙이고 싶은 못된 성미를 숨기느라 입술을 깨물었다.

  청솔가지가 무에 그리 귀해 어머님이 함박눈이 내리는 날 산으로 가셨을까. 지금도 생각하면 어리석게조차 느껴지는 일이지만 1960년대 그 시절에는 연탄불조차 없었다. 아궁이에 나무토막을 태워서 방구들을 덥히고 세끼 밥을 하던 때였다. 국가 시책으로 산림 녹화 10개년 계획을 강력하게 밀어붙였다. '입산 금지' 팻말이 산 입구를 지키고 있는 터라 쉽게 땔감을 구하러 갈 수도 없었다. 제재소에서 썰고 난 피목을 사서 리어카로 실어다 쓰고, 밤

중에 몰래 지게에 지고 내려오는 장작을 사다 쓰곤 했다. 그 시절 청솔가지는 불쏘시개로 쓸 수 있는 요긴한 땔감이었다.

순탄하지 않게 신혼살림을 시작한 우리에게 어머님은 무엇이라도 보탬이 되고자 하셨을 터이다. 눈이 쏟아지는 산골 마을에서 첫아이를 가지고 희망을 품으며 애면글면 살아가는 아들 내외에게 당신이 해 줄 수 있는 모든 것이었을지 모른다. 아이를 가진 며느리가 퇴근하고 돌아오면 방 아랫목이라도 데워 마음까지 얼게 하고 싶진 않으셨을 터이다. 가난만 물려주었다는 자책으로 도와줄 방법을 찾으시다가 생각해 낸 당신만의 자식 사랑이 그 추운 날 청솔가지 단을 이게 했으리라.

하얀 머리 위로 더 흰 눈발을 맞으며 서 계시던 그 시절의 어머님처럼 내 머리에도 소복이 새하얀 눈이 내렸다. 힘겹기만 하던 시간 들도 이제는 추억이 되어 아련한 순간으로 가슴속에 액자처럼 걸려있다. 하얀 눈보라 속에 꽁꽁 언 어머님의 주름진 얼굴과 그날 어머님의 옷자락에 묻었던 한기를 잊을 수가 없다. 아프기도 하고 서럽기도 했던 시간 들이 아직도 내게는 회한으로 가슴 한켠을 가득 채우고만 있다.

지나가 버린 시간, 기억의 편린들을 고운 추억으로 길어 올리는지 소나무가 잔가지를 흔든다. 스위치만 누르면 실내 온도를 데울 수 있는 편리한 주거 공간에 살고 있지만, 어머님의 청솔가지 묶음 위에 내려앉은 함박눈은 오늘도 순백의 언어로 그리움을 노래한다. 생전에 살갑게 해드리지 못한 순간들이나 담아두고 하지 말았어야 했던 말들, 또 끝내 드리지 못한 말들이 청솔가지 끝에서 되살아난다. 마음속에 언제까지고 감춰두려 했던 내 어리석음까지도 되돌리고 있다.

청솔가지 끝으로 서늘한 바람이 인다. 다 태울 듯 불타오르던 단풍들도 낙엽이 되어 길을 떠난다. 뼈처럼 성근 나뭇가지 사이로 하늘도 휑해지는 느낌이다. 후회와 홀가분함이 마음 가득 바람으로 불어오더니 철 이른 진눈깨비를 뿌린다. 나무가 조곤조곤 다시 숨겨둔 겨울 이야기를 들려준다. 그 이파리가 어디론가 굴러가 겨울을 이겨낸 나의 시간들을 미련으로 되돌리고 있다.

청솔가지를 인 어머님께서 그때 내게 들려주고 싶었던 말들을 다시 듣는다. 아들 내외의 방만 데워 주고 싶었던 것이 아니라 혹독한 세월 속에서 가슴속 온도를 꺼지지 않게 해 주셨던 어머님의 마음을 읽는다. 눈보라 치는 날 속에서도 꿈을 잃지 않으면 새 잎이 돋아나고 푸르게 피어날 날이 있을 거라고 응원하시던 어머님, 그날 눈보라 속에 서 계시던 어머님이 내 삶의 불쏘시개였음을 이제사 깨닫는다.

솔가지 끝으로 감추고 싶었던 가슴 시린 말들을 하염없이 쏟아내며 가을이 지고 있다.

*만석봉: 봉화군 춘양에 있는 마을 뒷산

국수 꼬리

 오늘 점심은 손칼국수다. 가끔 집에서 해 먹는 손국수가 우리 집의 별미로 자리매김한 것은 꽤 오래전부터다. 시집와서 얼마 되지 않아 시어머니께서 손국수를 아주 좋아하시는 것을 알았다. 나는 국수를 밀 줄을 몰랐다. 안반은 친정에서 본 것보다 훨씬 작고, 홍두깨도 볼품이 없었다. 친정에 갔을 때 지나가는 말로 했더니 아버지는 제재소에서 듬직하고 멋진 안반을 만들어 오셨다. 홍두깨는 오일장에서 사 오고. 혼수품인 셈이다.
 간간이 한두 번, 국수를 밀었다. 생각했던 것보다 쉽게 밀 수 있었다. 밀가루에 콩가루를 1/3 넣어서, 주물러 반죽을 하고 넓적한 안반에 놓고 홍두깨로 밀면, 얇은 천처럼 늘어나고 어지간히 늘었다 싶으면 반으로 접고, 또 접고 접어서 가늘게 썰면 면발이 고운 국수가 된다. 기름을 걷어 낸 육수에 감자도 한 칼 썰어 넣고, 바지락도 넣고 애호박을 채로 썰어 넣은 다음 국수를 넣어 삶으면 그 구수한 맛은 우리 가족이 좋아하는 별미다. 갖은 고명을 얹으면 금상첨화지. 따끈한 돼지고기 수육을 한 접시 올리고 배추겉절이를 곁들이면 멋진 상차림이 된다. 식은 밥 한 공기가 더해지면 국수에 말아 먹는 밥맛은 팔진미의 하나라 했던가.

국수 냄비에 김이 오르면 곧 고향 냄새가 난다. 국수 냄새가 뿌연 김을 따라 천장으로 폴폴 올라가면 먼 기억의 창고에서 녹슨 빗장이 삐걱 열리고, 거기 인자하신 할머니가 앉아 있다.

할머니가 국수를 밀 때면 나는 안반 머리에 쪼그리고 앉아서 할머니의 익숙한 손놀림을 연신 따라간다. 작은 호박만 하던 밀가루 반죽 덩어리가 방바닥을 덮을 것 같은 큰 홑이불만 하게 늘어나는 것이 신기하기도 했지만, 간절하게 기다린 것은, 썰다가 끝부분에서 남겨주신 국수 꼬리였다. 할머니는 엄마보다 넉넉하게 끊어 주신다.

받아 든 국수 꼬리를 아궁이에서 적당하게 구우면 벙글벙글 부풀어 올라 바삭바삭 구수한 과자가 된다. 지금은 군것질거리가 수도 없이 많고 많은데 하필이면 그 궁색한 국수 꼬리가 먹고 싶을까.

국수는 주로 여름에 많이 먹었다. 모심기나 논매기를 하는 날은 으레 저녁은 국수에 식은 보리밥이 더해졌다. 나는 국수도 보리밥도 싫었다. 상머리에 고개를 타리 밀고 앉아 할아버지 할머니께서 밥상을 물리실 때까지 혼자 기다렸다.

"무슨 유세로 까탈스럽게 국수를 안 먹느냐?"며 어머니는 야단을 치셨지만, 보리밥도 국수도 먹으면 배가 아팠다. 그럴 때면 할머니 밥상에 올라온 쌀밥을 한 숟갈 뜨는 시늉만 하시고 밥공기를 내게 밀어주신다. 엄마는 애 버릇만 그르친다며 야단을 치셨고, 나는 그냥 섧게 울기만 했다. 눈물 콧물이 범벅이 된 손녀를 기꺼이 당신 치마폭으로 포근히 감싸 주셨다. 동생과 싸운다고 어머니께 야단을 맞을 때도 내 방패막이는 늘 할머니였다.

국수를 미는 날은 할머니가 보고 싶다. 지금도 국수를 좋아하지는 않지만, 국수를 밀면 단발머리 나풀대던 어린 시절의 나를 만날 수 있다. 삶의 자락 속에 자리한 그립고 아련한 기억이다. 할머니가 끊어주신 국수 꼬리 속에는 토끼와 거북이 이야기도 들어있고 호랑이와 곶감도 숨어있다. 손칼국수는 내 기억을 잘도 끄집어내어 그 면발만큼이나 곱고 긴 유년으로 몰아간다. 할머니의 국수 꼬리가 그립고, 멋진 안반을 만들어 준 아버지가 보고 싶다.

세월은 어느새 나를 할머니 자리에 데려다 놓았다. 오늘은 방학을 맞아 서울에서 내려온 손자들을 위해 오랜만에 국수를 민다. 손자들이 안반 머리에 둘러앉아 할머니 손은 마술 손이라며 신기해하고 있다. 내가 지금 할머니를 떠올리듯이 먼 훗날 어디쯤에서 내 손자들도 추억의 꽃잎을 딸 때 할머니의 별미 국수를 떠올려 줄까….

할머니와 손자가 함께 살던 시대도 손국수와 함께 밀려나고, 힘이 돼 줘야 할 내 방패도 힘이 빠진다.

기억 속의 할머니처럼 나도 손자들의 추억 갈피에 그리움으로 남고 싶다.

유년의 소나타

뽕이오. 방귀를 한 글자로 나타내면 '뽕', 다섯 글자로 표현하면 '두 산의 분노', 여섯 자는 '항문의 소나타', 일곱 자는 '쌍 바위 골의 외침'이란다.

그이는 다양한 표현의 방귀 중에 소나타를 잘도 연주한다. 그것도 잠자리 이불 속에서 연주를 시작하니 그럴 때마다 나는 코를 막고 이불을 걷어차고 수선을 떤다. 마치 야만인 대하듯 인격을 의심하기까지 한다.

어쩌다 내가 도둑 방귀라도 뀌는 날은 "냄새는 어쩔 건데?" 무안을 준다. 그 이불 속 소나타가 존재의 나팔 소리임을 깨달은 것은 그리 오래지 않다. 부인을 잃고 외로움에 떨고 있는 어느 교수의 일성은 첫마디가 방귀 소리, 숨 쉬는 소리가 뼈가 녹아내릴

만큼 그립다고 했다.

내 기억 속에 자리하고 있는 아름다운 방귀가 있다. 눈이 내리는 어느 겨울날 아침 할아버지는 사랑채에서 안채로 올라오셨다. 아랫목에서 도란도란 놀고 있던 우리는 누가 시키지 않아도 일어나 할아버지께 아랫목을 내어 드린다. 양반다리를 하고 긴 담뱃대에 궐련을 꼭꼭 눌러 집어넣고 불을 붙인 후 깊게 빨아들이면 담뱃대 꼭지에서는 불빛을 튕기며 솔솔 타들어 가고, 할아버지 코에서는 희끄무레한 연기가 모락모락 뿜어 나왔다. 흰 수염과 어우러져 멋있기까지 했다.

다 탄 담뱃재를 놋재떨이에 톡톡 털면 재떨이가 내는 금속성은 바로 할아버지의 위엄이기도 했다. 순간 할아버지의 쌍 바위 골의 외침이 있었다. 동생과 나는 자지러지게 웃으며 꼴딱 숨이 넘어갈 것같이 방정을 떨었다.

"고년들! 할애비가 방귀를 뀌었으니 망정이지, 똥을 쌌으면 춤이라도 추겠구나!"

버릇없는 짓거리라고 불호령이라도 날까 봐 조마조마했던 가슴에 재치 넘치는 그 말씀은 지금까지도 가장 멋진 유머로 남아, 누가 방귀 소리만 해도 인자하신 할아버지를 떠올리며 내 얼굴에 미소를 번지게 한다.

"아버지가 방귀를 뀌었대요"

초등학교 1학년 여름 방학 때 아버지께서는 몸져누우셨다. 시름시름 앓고 계시는 아버지 때문에 할머니는 밤낮없이 뒤뜰 감나무 밑에 정화수를 떠 놓고 칠성님께 빌었고, 우리 형제들은 영문도 모르고 신이 내린 벌물을 날마다 마셨다. 병원에 가야 한다는 생각은 아예 하지도 않았고 그저 신에게 빌어서 고칠 수 있다는 할머니의 믿음에 어머니는 가슴 답답해하셨다. 눈물이 날 만큼 간절한 기도에도 신은 아는 체도 안 했다. 급기야 어머니께서 용단을 내렸다. 서둘러 병원으로 옮겨야겠다는 용기는 할머니의 신앙보다 더 강한 힘을 발휘했다.

만성 맹장염으로 수술을 받았다. 다음 날부터 동네 어른들을 만나면 "네 아버지 방귀 꼈다더냐?" 하필이면 더럽고 부끄러운 방귀를 뀌었느냐고 묻는지 창피하고 속이 상했다. 사흘이 되던 날 방귀가 나왔다는 전갈이 왔다. 영문도 모르면서 나는 그냥 좋았다. 만나는 사람마다 "우리 아버지 방귀 나왔대요" 하고 자랑했다.

달포가 넘게 치료를 받은 뒤 퇴원하셨다. 수술 뒤의 방귀는 수술 경과가 좋고 나쁨의 판단 자료가 된다는 것을 그때서야 알 수 있었다.

할아버지도 아버지도 다시 뵐 수 없는 세월의 흐름 앞에 부끄럽게 여겼던 기억조차도 숨이 죽어 고분고분 내려앉는다. 그리움만 동화처럼 피어오른다.

기적 소리

춘양역 플랫폼에 섰다. 나란히 수평선 너머로 사라지고 있는 철길과 반세기 만에 조우한다. 만나서는 안 되는 평행선이 저 멀리 소실점으로 만나 사라진 철길을 하염없이 바라본다. 철길 가에 흐드러지게 핀 코스모스들은 나를 기억이라도 하는 것일까. 바람에 하늘거리는 여린 모습은 그 시절의 내 모습처럼 가냘프기만 하다. 바람이 부는 대로 어쩔 수 없이 흔들려야 했던 젊은 날의 자화상을 코스모스가 불러온다.

"뚜~" 기적을 울리며 기차가 서서히 역으로 들어선다. 기적소리는 한순간에 세월을 되돌린다.

그날, 남편은 우유병과 기저귀를 챙겨 넣은 가방을 들고 앞서 뛰었다. 아기를 업은 나는 분명 뛰고 있었지만 걷는 듯 더디기만 했다. 저 멀리 기적을 울리며 기차가 산모롱이를 돌아오고 있었다. 숨이 턱까지 차오르도록 뛰어도 제자리걸음인 것같이 느껴졌다. 기적소리를 가늠해 보면 기차가 우리 내외보다 먼저 역에 닿아 버릴 것 같았다. 철커덩철커덩, 끼이익, 육중한 레일 소리가 헐떡거리는 숨소리만큼 크게 울렸다. 춘양역 플랫폼이 아득했다. 시그널은 이미 내려졌다. '제발 5분만 연착을 해다오.'

끼익, 기차는 또 한 번 기적을 울리며 우리 부부의 뒷덜미를 덮칠 듯했다. 이내 기차가 역으로 들어서서 멈추는 소리가 들렸다. 나는 거친 숨을 내쉬며, 뛰면서 마른 울음을 삼켰다. 기차가 역에서 정차하는 시간은 1분 내외. 겨우 승객 몇 명을 내려 두고, 다시 길게 '치익 푸욱' 하며 하얀 증기를 뿜었다. 서서히 바퀴가 구르기 시작했다.

시간은 자정을 향하고 있었다. 등엔 고열로 생사를 넘나드는 10개월의 아이가 업혀 있었다. 내 체온과 아이의 열기가 맞붙어 등짝이 불이 난 듯 뜨거웠다. 숨이 멎도록 뛰었다. 잠시의 여유에 아이가 죽을 수도 있다는 생각이 뇌리를 스쳤다. 그러나 연착의 기대도 잠시, 야속하게도 기차는 냉정하리만큼 정확한 시간에 역사를 빠져나갔다. 플랫폼엔 차가운 기운만 가득했다. 실낱같은 희망이 송두리째 무너지는 순간, 나는 기차가 떠난 철길을 바라보며 숨도 쉬지 못하고 울분을 토해냈다.

교통이 말할 수 없이 불편하던 시절이었다. 내가 살던 곳은 경북 북부의 산골지방 면 소재지였음에도 불구하고, 하루에 기차도, 버스도 드물게 오고 갔다.

고열에 시달리던 아이는 며칠 보건소에서 주사와 약을 처방받아 복용했다. 병원이라고는 보건소뿐이었다. 하지만 차도가 없었다. 큰 병원으로 가라는 말에 겨울밤 우리 부부는 아이를 들쳐업고 무작정 춘양역으로 달렸다. 어떻게든 막차라도 타야겠다는 생각이었으나 실패였다. 우리 부부는 한참을 플랫폼에 서 있었다. 그때 석탄 실은 화물 열차가 들어왔다. 역장께 사정을 얘기하고 막무가내로 떼를 썼다. 아이를 잃을지도 모른다는 말과 함께, 나는 통곡했다. 사정을 들은 역장이 기관사에게 조심스럽게 부탁했다. 한참을 망설이던 기관사가 무겁게 입을 열었다. 화물차에는 사람이 탈 수 없으며, 가뜩이나 이렇게 추운 날씨에 열이 나는 아기를 화물차에 태운다면, 병원에 도착하기도 전에 화물 칸에서 얼어 죽을 수도 있다고 했다. 열차 시간과 추운 날씨의 정황을 정확하게 헤아린 충언이라는 것을 알면서도 왜 그리도 야속하던지 나는 또 한 번 통곡했다. 아이를 업고 역을 빠져나와 다시 보건소로 달렸다.

한밤중에 거칠게 보건소 문을 두드렸다. 깊이 잠들었던지 의사는 한참 만에 문을 열었다. 원인을 가늠하기 어렵다던 의사는, 궁여지책으로 어른한테 쓰는 약의 극소량을 아이에게 써도 되겠느냐고 물었다. 선택의 여지가 없었다. 그 약이 무슨 약인지 속속들이 따져 물을 여지가 우리 부부에게는 없었다. 지푸라기라도 잡고 싶은 심정이었다. 약 한 숟가락을 받아먹은 아이는 그 길로 잠이 들었다. 잠이 들었는지 의식을 잃었는지 그저 숨만 쉬었다. 아이를 안고 보건소 의자에 앉아 나도 잠이 들었다. 어느 정도 시간이 흘렀을까. 불덩이 같던 아이의 몸이 정상 체온을 유지하고 있었다.

한겨울 밤, 생사의 갈림길에서 사경을 헤매던 아이가 벌써 장년이 되어 한 가정의 가장이 되었다. 자식들 예뻐라 물고 빠는 것을 볼 때면 그 먼 겨울밤 숨이 멎도록 내달리던 우리 부부의 다급했던 모습이 상기되곤 한다. 그렇게 애지중지 키워 놓은 아들이 제 자식을 아끼는 것은 당연한 일이니까. "애비, 요새 건강은 어떠신가?" 물으면 그저 "좋습니다, 어머니" 하며 되레 "아버지, 어머니 건강부터 챙기십시오" 하며 늙어가는 부모를 챙기는 모습이 마냥 흐뭇하기만 하다. 그저 잘 살아주어 고맙다는 말을 가슴에 품은 채, 하루에도 열댓 번씩 행복을 읊조린다. 행복과 불행은 갈래머리 땋듯 그렇게 엮어져 있는 것인가 보다. 기차를 놓쳤다고 해서 다 잃은 듯 통곡하던 그날 밤의 나와, 아이의 원인 모를 열을 잡기 위해 선택의 기로에서 고민하던 우리 부부와 의사의 탁월한 선택은, 숨 막히던 고통에서 숨통을 틔워준 영원의 기적소리 같았다.

철길 위로 바람이 스쳐 간다. 따사로운 햇살이 차가운 쇠에 부

덮혀 쉬렁쉬렁 쉰 소리를 자아낸다. 오랜 세월 레일도 녹이 슬었을까. 드물게 오가는 기차와 몇십 년이나 묵은 바람 소리가 아직도 시리게만 느껴지는 것은 왜일까. 자가용이 늘고 이용하는 승객이 드물기에 쇠락의 길을 걷고 있는 춘양역일지라도 나는 기적 소리에 막연한 꿈을 실으며 앞날에 대한 희망을 버리지 않고 걷고 또 걷던 길이다. 이 철길은 그날 밤, 절박한 내게 유일한 통로였으며, 삶의 출구이기도 했다.

누가 '쇠는 달구어야 단단해지고, 사람은 눈물의 힘으로 강[強]해진다'고 했다. 철길 위에 주저앉고 싶은 좌절감에서 흐느끼는 내게 침목이 삶의 숙연함을 일깨워 주었다. 견고한 두 가닥의 철로가 거구의 화물 열차를 이기듯, 그이와 내가 두 발로 버텨보리라 옹골찬 다짐을 했다. 멀리서 들려오는 기적소리는 소소한 행복 바이러스를 싣고 오는 듯했다.

열차가 역에 당도한 것을 알리는 기적소리가 아득한 기억을 싣고 들어선다. 육중한 쇠바퀴가 지금까지 삼켰던 레일을 기다랗게 게워 내면서 멈추는 소리가 들린다. 철길 가에 서 있는 코스모스가 바람에 일렁인다. 강산이 몇 차례나 바뀐 뒤에 다시 찾은 이 길은 지난 여정을 자꾸만 돌아보게 한다. 삶의 길목마다 깃든 추억과 인연들이 두 가닥의 평행선 위로 그려졌다가 지워져 간다. 그때 그 사려 깊었던 기관사와 역장, 그분들은 지금 어디에 계실까. 코스모스처럼 눈물 많던 새댁은 어디 가고 머리 위로 흰서리

가득한 내가 여기 와 섰는가. 쏟아지는 물음표에 답은 없고 바람만이 내 발아래로 감겨 와 철로를 스치고 지나간다. 오늘, 반백 년 만에, 이 길을 다시 걸으며 내가 견딜 수 있는 그 가만한 바람에 감사한다.

  춘양역의 철길은 지금 햇살 아래 노곤한 꿈을 꾸고 있다. 아지랑이를 그리며 멀리 사라져가는 저 길이 아직도 누군가에게는 희망이고 삶의 끈이 되고 있으리라. 얼음처럼 시리던 그 침목이 내 삶의 버팀목이었음을 이제사 깨닫는다.

  여운처럼 들려오는 기적 소리를 들으며 다시 철길을 뒤로한다.

목화 곁에서

 야생화 전시장을 찾았다. 제각기 다른 아름다움을 지닌 들꽃들이 한자리에 모여 향연을 펼치고 있다. 예술 작품처럼 각기 정성스러운 야생화를 감상하다 목화 화분 앞에서 나도 모르게 발이 멎는다. 활짝 벌린 입 사이로 꽃잎이 아닌 하얀 목화솜이 웃고 있다. 뾰족이 벌린 다래는 반짝거리며 빛이 난다. 환한 목화의 모습이 익숙하게 느껴지다 괜스레 처연하게 여겨지기도 한다. 반쯤 벌린 다래 잎을 한참 동안 바라보자 향수를 품은 유년의 기억이 세월의 안개를 걷어내며 다가온다.
 어릴 때 나는 엄마보다 할머니를 더 따르는 아이였다. 할머니가 명(목화)을 따러 뒷밭 옆 언덕배기로 가는 날은 종일 곁에서 따가운 햇살을 맞으며 혼자 놀았다. 이름도 모르는 산 꽃을 꺾기도 하고 심심한 마음을 흙 놀이로 달래기도 했다. 은빛 차양이 든 작은 연못의 물결 위로 소금쟁이의 한가한 물놀이를 지켜보며 무료함을 달랠 때도 있었다. 가만히 귀를 열면 인적 드문 사잇길이 속삭이고, 엷은 바람에 사각거리는 굴참나무의 노랫소리가 들려왔다. 눈을 열면 산속의 짙푸름이 다가왔고, 철부지 참새 떼들이 후두둑 날아오르는 모습은 나에게 생기를 불어넣었다.

 나를 곁에 두고 뙤약볕에 쪼그리고 앉아 한 송이 한 송이 멍을 바르던 할머니의 모습은 흰 구슬을 따는 것처럼 정성스러웠다. 그 많은 솜꽃을 따면서 당신은 무슨 생각을 하셨을까. 짬짬이 허리를 펴고 쉴 때면 먼 하늘을 바라보며 노래나 혼잣말을 중얼거리기도 하고, 어떤 날에는 옷고름을 적시며 눈물을 훔치기도 하셨다. 속내를 드러내 놓아도 좋을 고명딸도 하나 없이 아들만 두셨으니 그 마음이 얼마나 곤했을까. 그나마 형제뿐인 자식 중에서도 6·25 동란으로 둘째를 보내고 말았으니 가슴에 응어리진 말들은 또 얼마나 많았을 것인가. 아무것도 모르는 어린아이이기만 했던 내 눈에도 목화를 바르는 할머니의 모습이 가끔은 슬퍼 보이곤 했다.

 삼촌의 시신이 우리 집에 오던 날의 할머니 모습이 내내 잊혀지지 않는다. 자식의 주검을 마주한 부모님의 심정을 철부지인 내가 어찌 헤아릴 수나 있었을까. 삼촌은 젊은 나이에 출장길에 지리산 빨치산의 총격으로 생을 마감했다. 총알이 빗발치는 전쟁 통에 아버지는 서둘러 시신을 운구해 왔다고 들었다. 장례가 끝나는 날까지 할머니는 문밖을 나오시지 않았다. 나는 그저 할머니 곁에서 멀뚱멀뚱 눈치만 읽을 뿐이었다. 낭패스럽고 기막힌 모습을 그냥 바라볼 수밖에 없었고, 슬픔의 크기를 감히 짐작하기조차 어려웠다. 그날 이후로 할머니의 얼굴에서 희로애락의 표정을 좀체 읽을 수가 없었다. 여전히 엄마보다 내가 더 따르는 할머니인데 예전과는 분명 다른 것만 같았다.

목화 화분을 바라보자 찬찬한 들바람 속에 섞여 산으로 들로 흩어져 갔을 할머니의 가슴 자락이 다시 마음을 적셔온다. 속내를 알 수 없는 내가 집에 가자고 보챌 때면 할머니는 치마폭을 들추곤 하셨다. 그곳에서는 마른 감 껍질도 나왔고 콩가루가 다닥다닥 묻은 엿가락도 나오곤 했다. 번번이 한 개뿐이라던 엿은 할머니의 치마폭 속에서 조를 때마다 도깨비방망이처럼 다시 나왔다. 엿가락이 입안에서 다 녹을 때쯤이면 또 지루하기 시작했다. 그때 할머니는 다독거리며 일러주셨다. 목화솜을 따서 설날에는 따뜻한 솜저고리를 해주겠다고. 약속대로 할머니는 그해 설빔으로 남색 유똥 치마에 분홍 명주 저고리를 지어 따뜻한 목화솜을 넣은 새 옷을 마련해 주셨다. 거기에는 철부지 손녀가 목화솜처럼 따뜻하고 단아한 모습으로 피어가길 바라던 염원이 서려 있었을 터이다.

할머니가 생각나는 날이면 나는 지금도 하얀 목화솜으로 지어진 솜이불을 꺼내 덮곤 한다. 요즘 누가 홑청을 꿰매는 솜이불을 덮으랴마는 손수 농사지은 목화로 할머니가 만들어 준 것이기에, 반백 년의 세월이 지난 지금까지도 목화솜 이불은 비좁은 장롱을 지키고 있다. 결혼할 때 살뜰하게 지어주신 무거운 솜이불은 신혼 빛이 바래기도 전에 캐시미어 솜이 담뿍한 차렵이불로 바뀌었고, 또다시 명주 솜과 양모 솜으로 시대를 갈아탔지만, 당신께서 지어주신 요와 이불 한 채는 차마 내버릴 수가 없었다. 목화솜 이불은 내게 언제나 사랑이었던 할머니의 따뜻하고 포근한 품과도 같았기 때문이다. 언덕배기에서 목화솜을 따며 옷고름을 적시던 할머니의 눈물방울들이 아직도 솜이불 속 구석구석에 깃들어 있는 것 같아서 애잔함으로 가슴이 저려 올 때도 있었다.

솜이불을 덮는 날이면 가끔 아련한 꿈을 꾸곤 한다. 아득한 시간 속에서 할머니와 재회하면, 체한 배를 쓸어내려 주시던 약손이 내 손을 잡고 어린 날로 돌아가 고샅으로 이끌었다. 구슬처럼 해맑았던 그리움의 시간 속에서 옛길을 하염없이 걷기도 했고, 밤마다 들어도 재미있는 옛날이야기가 다시 정겹게 들려오기도 했다. 밤이 이슥하도록 돌아가던 물레바퀴를 세다 잠이 들던 고요한 순간 속에서 나는 다시 철없는 어린아이가 되곤 했다.

다시 목화 화분을 바라본다. 입 벌린 다래 순 속을 어른거리다 괜히 눈시울이 뜨겁다. 하얀 구슬을 따던 할머니의 모습은 어딜 가고 없고, 이제 나 홀로 목화 곁에 칠순의 할머니가 되어 서 있다.

 들판을 잃고 전시장에 모습을 드러낸 목화는 솜이 아닌 꽃으로 변모해 버렸다. 이젠 비탈진 언덕배기에서 따가운 가을 햇살에 목말라하던 들판의 농작물이 아니며, 꿀 즙을 선사하던 가난한 시절의 다래이지도 않다. 전시장의 도자기 화분으로 적을 옮긴 목화가 고향을 잃은 이방인처럼 어색하기만 하다.

 다시 찾아볼 수 없는 그 옛날의 목화밭을 가로 넘어, 명을 바르던 할머니의 노랫가락이 잔잔히 들려오는 듯하다. 하얀 목화솜이 흥얼흥얼 바람을 일으키며 내 가슴으로 일렁이기 시작한다. 세월을 따라 전시장으로 흘러온 목화도 가끔은 지난날 찬란했던 시간 속을 더듬으며, 나처럼 향수에 젖지는 않았을까. 산새와 지저귀며 밤이면 달빛에 젖어 풀벌레와 노닐던 들판도 이따금 떠올렸을 테다. 함초롬한 다래 순도 어쩌면 지금도 할머니의 손길을 기다리고 있을 것만 같다.

 화분 속의 목화가 하얀 미소를 지어 보인다. 전시장의 수많은 야생화를 뒤로 한 채 나는 오늘 목화 곁에서 오래도록 발걸음을 떼지 못하고 있다. 아린 세월조차 그리움으로 꽃피워내는 목화 곁에서.

숙제

잡다한 숙제를 해결하는 과정이 삶이라는 생각이 든다. 날이면 날마다 크고 작은 숙제들로 엮어가는 것이 삶의 여정이 아닐까. 쉽게 풀 수 없는 숙제는 밤잠을 설치게 하거나, 걱정으로 남는다.

초등학교 육 학년 겨울 방학이었다. 엄청나게 많은 숙제를 받아 들고, 꼬박 일주일을 문밖출입도 삼간 채 밤낮을 끙끙대며 마무리했었다. 숙제란 작든 크든 마음 한 부분을 붙잡고 있어서 놀아도 논 것 같지 않기 때문이다. 남은 방학 기간을 홀가분하게 보낼 요량으로 단단히 마음을 다잡으며 미리미리 다 해치운 기억이 생생하다.

나이테를 무겁게 두르면서, 삼 남매 짝을 찾아 저마다 나름의 설계대로 삶을 꾸리고 있어 얼추 큰 숙제는 다 풀었다고 생각했었다. 어느 날 책을 읽다가 인도의 시인 라빈드라나드 타고르의 글 '기탄 잘 리'에 나오는 이야기가 풀어야 할 숙제로 남아 있다.

한 거지가 시골길로 구걸을 나섰는데 때마침 왕이 그곳을 지나가게 된다. 거지는 그가 청하지 않아도 많은 선물을 주리라 기대한다. 왕의 행차가 그의 곁에 다가왔고, 행운이 왔다고 믿었을 때 왕은 오른손을 내밀며 "그대는 나에게 무엇을 주겠느뇨?"라고 묻는다. 받기만 하고 살아온 거지는 어리둥절하여 어찌할 바를 모르다가 자루에서 작은 낱알 한 개를 왕의 손에 건넨다.

왕은 가버리고 날은 저물어 움막으로 돌아온 거지는 종일 구걸한 자루를 바닥에 쏟아놓았다. 초라한 무더기에서 황금 낱알을 발견한 거지는 놀라며 한탄한다. '마음의 문을 크게 열었다면 훨씬 큰 황금 덩어리를 받았을 터인데' 하고 뼈저리게 후회한다.

타고르는 이 시에서 깊은 인생의 진리를 깨닫게 해준다. 우선 '주는 것만큼 받을 수 있다는 것을.' 거지가 왕에게 자루에 든 낱알 전부를 주었다면 그 전부를 황금알로 받았을 것이다. 받기 위해서는 먼저 줘야 한다는 의미이기도 하다.

받고 나서 그 인정에 답례를 주는 경우는 흔하게 볼 수 있지만, 남에게 먼저 준다는 것은 쉬운 일이 아니다. 받기를 원하는 일상의 관계에서 먼저 줄 수 있는 여유로움은 부단한 자신과의 갈등에서 성숙을 통해서만 가능할지도 모른다. 상대에게 아낌없이 손을 펼 수 있다는 것은, 낱알 위에 정성과 감동을 얹어 주는 것이므로 가치 있는 것이 되리라.

 또 한 이 시는 '주려고 하면 누구나 줄 수 있는 것이 있다'는 것을 말해 주는 것 같다. 거지도 왕에게 줄 수 있는 것이 있고, 왕도 때로는 거지에게서 무엇인가를 받고 기뻐할 수도 있겠다. 여유란 넉넉함이 아닌 소박함에서 묻어난다고 했던가.

 남루한 거지의 몰골 위로 내 얼굴이 포개진다. 거지가 바로 나일지도 모른다는 생각이 들기 때문이다. 나 또한 내 자루의 낱알을 얼마만큼 왕의 손에 나누어줄 수 있을까. 누군가에게 아낌없이 자루의 끈을 풀어 본 적이 있었던가. 부모님께도 아직 가진 것이 부족하다는 핑계로 형편이 좀 더 나아졌을 때 잘해 드려야지 하고 미루기만 했다. 그 미련함은 영원히 기회를 잃어버리게 만들고 말았다. 어리석음을 탓하며 자책으로 얼마나 섧게 울었던가.

 어느 날, 지하도 계단에 엎드려서 구걸하는 바구니 앞에 섰다. 용기를 내어 지폐 한 장을 던져 넣었다. 그리고 다짐을 한다. 앞으로는 이런 분을 만날 때마다 그냥 지나치지 않겠다고. 그 다짐은 얼마 못 가서 지켜지지 않았다. 나 자신과의 약속은 타인과 한 약속보다 실천이 훨씬 어렵다. 내 안에 얼마나 많은 또 다른 내가 존재하는가.

 일상 속에서 서로 주기도 하고 받으면서 살아가고 있지만, 베풀고 받는 관계들이 얼마나 흔쾌히 즐겁게 이루어지고 있을까 궁금해진다. 어쩌면 준 것만큼 되돌아올 것을 기대하면서 주는 지도 모르겠다. 먼저 받기를 원하는 이기심이 판을 치는 세상에서 먼저 주는 자세는 더 큰 것을 받을 수 있을 것이라는 생각을 해본다. 거지가 왕에게 줄 수 있는 것이 있었듯, 내게도 분명 남에게 대가 없이 줄 수 있는 것이 있을 것이다. 준다는 것에는 물질적인 것만은 아닐 것이다. 마음으로 주는 따뜻함이, 물질 못지않게 소중한 것이 되리라. 삶의 작은 기준을 나눔에 두고 싶다. 나누면 배가 된다는 것은 진리이다. 성인이 말씀하시기를 공덕을 베풀 때는 과보果報를 바라지 말라 했던가. 작가 오 헨리의 단편 소설 〈현자의 선물〉을 떠올린다. 한 끼 밥도 구걸해야 하는 딱한 처지인 '돈리'의 따뜻한 배려! 가장 귀한 나눔은 사랑이 아닐까.

끝없는 욕망을 누르고 멀리 보도록 하는 아름다운 눈을 키우는 일은 영원한 숙제일까. 시인이 던진 숙제는 신이 내린 과제만큼 어렵다. 실천하기가 쉽지 않은 게 인간의 연약함인가.

'이기적인 부끄러운 나'에서 '이타적인 참나'를 떠올려 본다. 베풀어서 얻을 수 있는 기쁨들로 내 마음을 출렁이게 하고 싶다. 산술 없는 넉넉함을 맛보고 싶다. 가난한 마음을 풍요로 가득 채울 수 있는 방법을 찾아봐야겠다.

그것이 바로 시인이 던진 숙제의 답이 아닐는지.

삶의 활력소, 해프닝

여행은 설렘이다. 여행이 설레는 것은 낯선 풍광을 만나 공감하는 시공간 속에서 일상과 다른 일탈을 맛보기 때문이리라. 그 길에서 새로운 것들을 만나고, 그 낯섦에 대한 추억은 돌아온 일상에서 활력으로 살아난다. 삶은 단조短調와 장조長調의 잘 버무려진 변주곡이 아닐까. 익숙한 일상의 단조로움과 경쾌한 낯섦의 어울림이다.

고등학교를 졸업하고 저마다 젊은 날을 속절없이 부대끼며 보내고, 백발이 성성한 모습으로 자유인이 되어 오랜만에 친구들을 만났다. 몇 해 전까지만 해도 남자 동기생들이 야유회에 함께하자고 구애를 해도 핑계만 대고 시큰둥하던 여자들이었다. 천지개벽이라도 한 양 오늘은 여자 동기생들이 눈부신 꽃밭을 만들어, 버스 안을 화기로 충천해 주었다.

가는 곳은 벚꽃이 활짝 핀 경주로 정해졌다. 시원한 바람에 밀려오는 동해의 파도를 바라보며 해안도로를 달린다. 양남의 주상절리를 둘러본 뒤 보문호 벚꽃 둘레 길을 걷는다. 포근한 봄볕 아래 눈꽃처럼 흩날리는 벚꽃 비를 맞으며 걷는 호반의 산책길은 실로 환상적이다. 분홍 햇살을 잔뜩 머금은 벚꽃길의 몽환 속에서 세월을 거슬러 잠깐 딴 세상에 온 듯하다. 몸과 마음이 절로 부풀어 오른다. 누구랄 것도 없이 땀방울이 송골송골 맺힌 얼굴과 얼굴에는 환희의 미소가 번져나간다. 자글자글한 눈가의 잔주름도 오늘따라 곱게, 그리고 장하게 다가온다.

친구 사이에 아무렴 어떨까 하고 한없이 너그러워지는 화창한 봄날이다. 마음이 여유로워지는 순간 속에서 봄볕의 화사함은 우정을 한 뼘씩이나 깊어지게 하는 것 같다. 친구란 내밀한 이야기도 털어놓고 싶은 사람, 내가 울고 있을 때 자신의 눈동자에도 눈물을 함께 머금는 사람, 나의 기쁨에 자기의 일처럼 기뻐해 줄 수 있는 이가 아니겠는가. 오늘은 모두가 넉넉한 사람들 일색이다. 너울가지라고는 눈 닦고 찾아봐도 없는 얌전이들에게도 세월의 더께는 수줍은 굳은살을 만들어 주었나 보다. 음한 농담에도 직감으로 순진하게 웃어주어 한층 즐거움이 고조된다.

윌리엄 셰익스피어는 그의 희곡 '뜻대로 하세요'에서 인생은 7막으로 이루어지고, 마지막 7막에 이르면 '제2의 천진함'을 갖게 된다고 했다. 오늘 다시 찾아온 천진함으로 우리의 새로운 7막은 이제 시작된 것과 같다. 학창 시절처럼 '상희야'라고 스스럼없이 내 이름을 불러주는 친구가 있어 다시 젊음으로 돌아가는 날이다. 하얀 꽃비를 맞으며 세월의 바퀴를 되돌리고 있다. 세상사 차곡차곡 담아 남녘 바람에 실어 보내니 이팔청춘 그날만 오롯이 남는다.

해가 기울어 갈 무렵 시장기를 달래려 함께 맷돌 순두부찌개를 먹게 되었다. 뜻하지 않게 뚝배기에서 여행 에피소드 하나를 건져 올린다. 정다운 이야기꽃 속에서 보글보글 끓는 두부찌개가 나오고 날달걀 접시가 따로 나왔다. 계란 접시에는 먹음직한 가래떡도 함께 나왔는데 얼마 지나지 않아 옆 식탁에서 사달이 나고 말았다. 가래떡도 식기 전에 넣었다는데, 어쩐 일인지 가래떡은 순식간에 불어나 두부찌개를 덮고 말았다. 젓가락으로 휘저으니 물수건의 본색이 드러났다. 손 닦는 물수건을 가래떡으로 오인한 것이었다. 순백의 물수건을 돌돌 말아 압축해서 접시에 담아냈으니 영락없는 가래떡이었다. 웬 가래떡인가 하고 젓가락으로 집어 입으로 가져가기 일쑤란다. 그 주위엔 한바탕 폭소가 터져 나왔다.

또다시 실수가 이어졌다. 상차림 그릇 숫자가 맞지 않았다. 식당 주인은 서른 그릇이라 하고 인솔자는 스물아홉 그릇이 맞다고 우겨 실랑이가 벌어졌다. 분명 참가 회원 수가 스물아홉 명인데 서른 그릇일 리가 없다고 예의 '똑똑한 친구'는 완강히 버티었다. 출발할 때 운전기사를 포함하여 30명을 29명으로 뇌리에 잘못 입력한 게 사건의 실마리였다. 영락없는 '돼지 가족의 소풍날'이 되고 말았다.

종일 해박한 해설을 곁들이며 빈틈없기로 알려진 인솔자의 착각으로 돌아오는 차 안이 한바탕 박장대소로 피로마저 날려주었다. 깜박깜박 기억이 희미해져 간다고 걱정하던 친구들이 완벽의 화신이 저지른 실수로 위안을 얻었는지 배꼽을 잡는다. 밋밋한 나들이에 지나지 않았다면 무슨 이야깃거리가 남겠는가. 해프닝의 당사자야 민망했을지 모르지만, 웃음거리를 선사해 모두를 즐겁게 해 준 공로는 알아줘야 할 게 아닌가. 한 조각 초콜릿처럼 작은 에피소드가 활력을 더해준다.

하루하루 순간의 선택이 삶의 여정을 엮어간다. 뒤돌아보면 용하게도 떠오르는 것은 힘들고 어려웠을 때의 기억이고, 즐겁고 수월했을 때의 추억들은 자국 없이 그냥 흘러갔을 뿐이다. 누구나 살면서 가끔 비틀거리기도 하고 넘어지기도 한다. 성공은 실수와 실패를 디딤돌로 삼아 일어선 결정結晶이 아닐까.

다음 달 모임 땐 순두부 뚝배기집에서의 해프닝을 재생하면 또 한바탕 웃을 수 있을 것 같다. 친구들아! 사랑해.

세월을 노래하다

 색조 등이 휘황찬란하게 돌아간다. 오랜만에 노래방에 들렀다. 천장과 벽으로 오색동그라미가 그려졌다 지워지고 모였다 흩어져간다. 친구가 마이크를 들고 선곡 버튼을 누른다. 숫자 암호들이 불러낸 노래들은 제 순서가 되면 차례대로 뛰어나와 흥을 돋운다. 신명에 무르익어 분위기가 한층 고조되자 얌전한 친구마저도 슬그머니 자리에서 일어나 탬버린을 들고 한쪽 옆으로 선다.
 내 순서가 돌아왔다.
 "꿈이 있니 물어 보며는 나는 그만 하늘을 본다. 구름 하나 떠돌아 가고, 세상 가득 바람만 불어."
 언제부터인가 애창곡이 된 '세월'이라는 노래를 부른다. 애잔한 가사 구절들이 내 마음을 파고들어 가사가 온몸으로 전율처럼 퍼져나간다. 지나간 시간과 내 삶의 자취들이 노래 선율에 실리자 괜히 코끝이 시큰해진다.

"아아 나는 연을 날렸지, 저 하늘 높이 꿈을 키웠지. 이 세상 가득 이 세상 가득, 난 꿈이 있었어…."

노래방 스크린 자막의 가사를 바라보며 노랫말을 따라 추억을 되짚기 시작한다. 자막의 노랫말에서 유난히도 꿈이라는 글자가 클로즈업되어 보인다. 지금의 내게서 너무 멀어져간 단어인 듯 낯설기만 하다. 한때는 내게 펄럭이며 생생하게 살아 있던 꿈, 그것을 좇아 가슴이 부풀던 기억마저도 노랫말 사이로 허망하게 흩어져간다.

추억은 청각으로 되살아날 때 가장 밝고 맑은 것 같다. 노랫말 사이로 숨은 생의 기억들과 숨바꼭질을 하며 나는 지금 노래 사이의 간주를 듣는 중이다. 노래가 잠시 멈춘 이 순간에도 세월이라는 단어가 서러움으로 물 밀려온다. 구차한 가난보다, 지독한 외로움보다도 더 아픈 것은, 소멸하는 것들에 대한 아쉬움이다. 세월은 내게서 청춘이란 생기 어린 단어를 잃어버리게 했고, 건드리기만 해도 터질 것 같은 순수함을 앗아간 도둑이기도 하다.

간주가 끝나고 다시 애창곡을 부르기 시작한다. 지금보다 훨씬 젊었을 때는 배호의 '안개 속에 가버린 사랑'과 진송남의 '덕수궁 돌담길'이 내 애창곡이었다. 사랑의 아름다움과 이별의 아픔

같은 애상에 젖은 노랫말들이 여물지 않은 내 감성을 파고들었던 것 같다. 공허하게 빈 가슴 한곳을 그 노래들이 메워주었으며 젊은 날의 내 마음에 작은 위로를 건네기도 했었다. 나이가 들어 몸과 마음이 변하는 것처럼 애창곡도 연륜을 다하며 변해 가는지도 모른다.

 노래를 부르는 내내 세월이라는 제목과 관련된 상념들이 내 곁에서 자꾸만 맴돈다. 사무엘 울만은 '청춘이란 인생의 한 기간을 말하는 것이 아니라 마음의 상태를 말한다.' 했다. 그렇다면 고희를 바라보는 나는 지금 이 노래를 부르며 그 이치를 받아들이고 있는 것일까. 내 마음의 상태는 세월의 급류에 휩쓸려가지 않고 언제까지 꼿꼿할 수 있을까. 한 해 한 해가 갈수록 세상을 읽고 받아들이는 감수성을 잃어버리는 것만 같다. 세월이 나이테를 그려 불꽃이 이글거리던 에너지를 삼켜 버린 듯하다. 세상에 대한, 멈추지 않는 호기심이나 정열을 쏟아내도, 삶에 대한 열정을 노래해도 도저히 내 감흥은 따라주지 않는다. 나는 왜 고분고분히 세월을 받아들이지 못하고 저항하고 있는 것일까. 탱탱하던 삶의 탄력이 세월을 거치면서 모든 것을 헐겁게 만들어 놓은 듯하다.

 복잡하게 뒤엉켜진 생각에도 아랑곳하지 않고 나는 자막의 글자를 바라보며 지금 연신 노래를 이어가고 있다. 세월이 꼭 그랬다. 내가 어떤 감정을 느끼는지 한 번도 배려하지 않고 늘 흘러가기만 했다. 노래방 선곡 버튼을 누르면 한 곡이 시작되어 끝날 때까지 기계적으로 이어지는 반주처럼 나에게는 세월의 의미도 흡사한 것이었다. 내가 아무리 저항을 해도 그저 지나가는 것, 모든 것이 영원하지 않으며 순간순간의 삶들은 소멸되어 가는 것일 뿐임에 다시 마음이 애잔해 온다. 지금 이 순간순간에도 세월은 흘러가고 있다. 기쁨 속에서, 슬픔 속에서 모든 것을 쓸어 담아 마음 밖으로 흘러만 간다.

"돌아보면 아득한 먼 길, 꿈을 꾸던 어린 날들이, 세월 따라 흔들려 오면, 내 눈가엔 눈물이 고여…"

노래는 아득한 환청 속으로 나를 다시 끌어들인다. 캄캄한 밤하늘에 영롱한 별들이 금방이라도 쏟아져 내릴 듯하고, 풀벌레들의 화음이 감미롭게 흘러 내 꿈을 춤추게 하던 그 시절이 색조등의 영상과 하나가 되었다가 흩어진다. 반딧불이가 반짝이며 허공을 날던 그곳, 논둑길을 바라보던 허수아비가 눈앞에 서 있다. 그립고 늘 푸른 내 고향 보리밭으로 세월을 가로질러 돌아가고만 싶다.

고달팠던 나날들도 오랜 세월이 지나고 나면 모두 아름다워 그리움으로 간직될 터이다. 가끔 멈춰서서 숨을 고른 다음 내가 살아왔던 길을 다독거려 보듬고 가야겠다. 놓치지 않으려고 발버둥 쳐도 세월은 야속하게 저만치 가버릴 것이다. 돌부리에 차여 넘어져서 울고 있는 아이를 짐짓 모른 채 외면하고 가는 엄마처럼 그렇게 세월은 지금도 가고 있다. 연습 없는 연극은 오늘도 계속되고 있다.

텅 빈 마음을 애창곡으로 달래보지만, 노랫소리는 허공으로 자꾸만 흩어진다. 다시 삶의 악보를 그려볼 수 있다면 군데군데 쉼표도 그려 넣고, 페르마타(늘임표)도 넣어야 할 것 같다. 지금까지의 생보다는 조금 부드럽게 나의 삶을 노래하고 싶다. 변모해 가는 시간 속에서 또 다른 삶의 갈급함으로 내 애창곡은 계속 변화해 갈 것이다. 태양은 질 때가 가장 아름답다고 했던가. 뜨겁게 이글거리던 여름이 있었기에, 탐스러운 열매를 볼 수 있는 가을이 존재한다. 내 삶의 가을이 더 아름답게 그려질 수 있도록 남은 날들은 더는 허투루 보내지 않을 터이다.

다시 노래를 이어간다. 노래 가사를 이어가는 눈시울이 자꾸만 뜨겁다. 노래방의 열기 속에서 나는 속절없는 여인이 되어, 다시 세월을 노래한다.

꿈이 있니 물어 보며는….

카르마

숲속 길은 소리로 가득하다. 해인사 홍류동 계곡은 지난밤 비에 세수라도 한 듯 정갈하다. 단풍잎은 제 빛깔 중에 가장 고운 채도로 붉은색을 자랑한다. 한 차례 빗줄기가 휩쓸고 간 계곡은 온몸으로 가을의 정취를 토해내고 있다.

대장경 테마파크에서 해인사로 가는 길을 흐르는 홍류동 계곡은, 가을 단풍이 무척 붉어서 흐르는 물조차 붉게 보인다. 우리나라에서 손꼽히는 단풍 명소이다. 올레길, 둘레길, 블루로드처럼 지역마다 멋진 이름표를 달고 걷는 길이 만들어지자, 소리길이라는 새 지명으로 다시 태어났다. 물소리, 바람 소리, 새소리가 함께하는 의미를 살린 것이리라. 오래전 경허 스님은 물고기가 달빛을 읽는 소리라고 했다던가. 맑은 소리를 들으며 걷는 소리길은 피안의 세계로 가는 지름길이 아닌가 싶다.

　여행객들의 뒤를 따라 부지런히 걸어 농산정에 이르렀다. 그 옆에는 업칭대가 있다. 업칭대란 저승사자인 염라대왕이, 죽은 자가 이승에서 지은 죄를 무게로 달아 보는 저울이라고 한다. 몸과 입과 마음으로 짓는 선악이 업이라면, 살아오면서 알게 모르게 지은 업의 무게는 저울의 눈금이 어디쯤에서 멈춰 설까, 업칭대를 밟는 발바닥이 괜스레 저리다. 업을 무게로 달아보는 힘이 염라대왕에게 있다면 내 카르마의 무게 또한 그리 가볍지만은 않을 것 같아서이다.

　문득 '이탈리아 산타 마리아 인 코스메딘' 성당 입구에 있는 '진실의 입'이 생각난다. 진실의 입에 손을 넣고 거짓말을 하면 손이 잘리게 된다는 전설이 있다. 거짓인 줄 알면서도 손을 넣기 전에 움찔 놀랐었다. 순간 당당하지 못한 내 안을 볼 수 있었다.

　부탄에는 25킬로그램이나 되는 쇠사슬을 어깨에 걸치고 사원을 세 바퀴 돌면 업이 덜어진다고 믿는 속설이 있다. 그 쇠사슬이 얼마나 무거운지 행할 때마다 뼈마디가 꺾어지는 고통에 버금간다고 했다. 수행자들이 생애를 걸고 목마르게 찾아 헤매는 진여眞如의 세계 또한 지난至難한 고행을 통해서만 이루어지는 듯하다.

　고통은 업을 쓸어내는 빗자루라고 했던가. 업을 덜어내자면 고통을 겪어야 가능하다는 말이기도 하다. 그것은 삶을 멈추게 하고 돌아보게 하는 힘이 되기도 한다. 뼈마디를 깎아내리는 아픔은 추한 본성을 마모시켜, 탐하기보다 비워낼 줄 아는 절제의 지혜를 일깨워 줄 터이다.

 사람마다 각자에게 주어진 카르마가 있다면 그로 인해 어두운 침잠의 시간을 거치기도 할 것이다. 외손녀가 대학 입시 수시 모집에서 원하던 대학에 들어가지 못해 암흑 같은 터널에 갇혀 나오지 못하고 있다. 지어미도 할미인 나도 어서 나오라고 채근만 하는 중이다. 녀석은 깨어진 마음을 추스르느라 안간힘을 쓰고 있다. 실패한 과거와 씨름하느라 미래에 대한 희망을 전혀 품지 못하고 있는 듯 보인다. 안타까운 마음이 가득하지만 언젠가는 가슴을 짓누르는 근심 걱정을 다 던져버리고 고통의 굴레에서 벗어날 것이라는 믿음도 있다. 시냇물이 졸졸 소리를 내는 것은 그 바닥에 무수한 자갈과 경사가 있기 때문이리라. 훗날 맑은 소리로 승화시킬 수 있는 지혜로운 사람으로 마음이 한 뼘 자라기를 세상의 모든 신께 간절하게 빌었다.

 열대 우림의 나무 중에는 아름다운 무늬가 없는 나무도 있다. 추위에 곤혹하게 사무치지 않는 식물은 나이테도 생기지 않기 때문이다. 삶의 결 또한 어려움을 겪는 고통 속에서만 생성되는 것이니 어찌 보면 귀한 보석과도 같다. 고통과 시련의 늪을 통과하고 아픔을 견뎌낸 삶이 더욱 아름다운 것은 카르마를 숙연히 받아들인 자기 숙성의 처연함이 깃들어 있기 때문일 터이다.

 잠시 쉼터에 앉아 배낭을 벗는다. 내가 지금 지고 있는 삶의 중

량은 내 업의 무게라는 생각에서이다. 카르마를 덜어내지 못한다면 지금 지고 있는 배낭의 무게라도 가볍게 줄여야만 마음이 편할 것 같다. 채우려고만 급급했으니 삶의 무게가 버거울 수밖에 없지 않은가. 제일 큰 칸에 넣어둔 음식들을 끄집어내어 옆 사람과 함께 나눈다. 다음 칸에 들어 있는 음료들도 일행들과 같이 나누어 마신다. 다시 배낭을 메자 조금 덜어내었을 뿐인데 걷기가 훨씬 수월해진 듯하다.

업장 소멸은 그리 멀리 있는 것이 아닌지도 모른다. 내 작은 것을 아까워하지 않으며 한 가지씩 덜어내고 욕심을 내려놓는 일이 그 시작이 될 수도 있을 것이다. 많은 것들에 대한 집착으로 무겁기만 했던 날들을 다시 한번 떠올린다. 내려놓지 않으면 무거운 것조차 알 수 없던 나날 속에서 이제야 무엇인가를 어설프게 알 것도 같다.

갈참나무 꼭대기에서 이름 모를 새소리가 바람을 타고 내려와 물소리와 함께한다. 계곡물에 발을 씻고 번뇌를 지우다가 끝내 지울 수 없어 물비늘에 실려 가는 나뭇잎만 한 잎 줍는다. 엷은 가을 햇살이 봇짐을 풀고 유혹하는데, 탐욕, 어리석음, 노여움이 무엇인지도 모르고 절집만 한 바퀴 돈다. 대웅전 앞에서 합장한 채 바람에 밀려가는 가을빛만 바라본다. 언젠가는 허공으로 무연히 흩어져갈 많은 것들을 그려본다. 나의 카르마도 이 가을바람처럼 흔들리며 어디론가 무연히 흘러가게 될 날이 오게 해달라고 내 작은 희망을 살짝 보태놓는다.

　여행은 생각의 성을 벗어나는 것. 무미한 일상의 틈바구니에서 잠시 숨을 고르고 나를 들여다본다. 원철 스님의 가야산 19 명소에 대한 연작시를 음미하며 침묵의 세계로 들어간다. 맑은 물소리가 따라오며 마음에 묻은 얼룩을 닦아준다. 내 마음도 물처럼 맑아지려나.

2부
꽃살문

"꽃살문이 상징으로 가득 찬 경전의 세계가 되어 다시 내 가슴을 울려오고 있다. 심오한 세계를 다 읽지는 못하지만, 눈에 그 모습을 담아 가는 것만으로도 가슴이 벅차다. 조용한 산사의 꽃살문이 빈 마음을 차근히 채워가고 있다. 다시 산을 내려갈 길이 고단하지만은 않을 것 같다."

종지

굳게 잠겨져 있는 문을 연다. 매캐한 곰팡이 냄새가 기다렸다는 듯 달려든다. 오랫동안 밀폐된 곳간이라 음습한 기운마저 감돈다. 천장에는 거미줄이 세월을 엮고 있고, 사용하지 않은 집기 위로 쌓인 먼지 더께가 시간을 헤아리게 한다. 쌀뒤주며 장독 같은 온갖 세간들이 감방을 지키듯 어둠 속에서 고요를 삼키고만 있다.

한쪽 구석에 놓여 있는 넓은 플라스틱 함지로 눈길이 머문다. 차곡차곡 쟁여 있는 놋그릇의 얼룩무늬 위로 어머니의 환영이 살아나는 듯하다. 손때 묻은 어머니의 유산에 누구 하나 탐하거나 동정하는 이는 없었다. 어머니의 애장품에 탐심을 내는 일은 성역을 범접하는 것쯤으로 믿어서 그럴까 아니면 한물간 것으로 치부해서였을까.

어머니는 유기에 애정이 남다른 분이셨다. 세밑이면 으레 제수를 담을 놋그릇에 반짝반짝 윤을 내는 일이 조상 섬기는 정성의 척도라고 믿었던 것 같다. 섣달그믐께면 포근한 날을 잡아 옆집 아낙네들과 품앗이를 했다. 마루에 멍석을 깔고 짚을 돌돌 말아 한 줌 쥐고, 곱게 간 기왓장 가루를 물에 묻혀 녹슨 그릇을 돌려가며 싹싹 문지르면 반짝반짝 황금빛이 거짓말처럼 살아난다. 신비한 변신에 신명이 일고, 새참 준비를 하는 어머니의 잰걸음도 가벼워진다. 덩달아 어린 나까지도 잠을 설쳐가며 어머니를 성가시게 했다. 그럴 땐 작은 종지를 닦아 보라고 허락하셨지만, 종지는 너무 작다고 투덜거리다가 잠이 들었다.

유년 시절 내가 어머니의 품에 잠들 듯 고요히 눈을 감은 세간 사이로 수많은 시간들이 꿈처럼 살아났다 환영으로 사라져 간다. 어머니가 유달리 아끼시던 놋화로와 향로는 보이지 않는다. 놋 향로는 제사 때 천지신명께 분향으로써 고하는 신령스러운 그릇이기에 어머니는 늘 조심스럽게 다루었다. 다 쓴 뒤에도 정갈하게 닦아 곳간의 가장 윗자리에 모셔 두곤 했다.

놋화로는 어떤가. 어머니에 대한 회한과 함께 놋화로 속에는 우리 집을 이끄는 사령관이던 할아버지의 모습이 녹아있다. 할아버지는 한 순배 주무시고 난 희붐한 새벽이면 곧잘 긴 담뱃대 대통에 담배를 꼭꼭 다져 넣으셨다. 뭉근한 화롯불은 늘 새벽까지도 할아버지와 온기를 함께했고, 새벽 담배 한 모금은 무료한 할아버지에게는 유일한 낙이었다. 그리고 '땅땅땅' 담뱃재 터는 소리는 당신의 막힌 기를 뚫어 내리는 복음이요, 가족들을 채근하는 희망의 종소리이자 새벽을 깨우는 알람이었다.

곳간 한 곳의 작은 종지로 다시 눈길이 머문다. 어린 시절의 나처럼 작고 동그마한 모습으로 정적을 지키는 종지는 주인 잃은 세간들 사이로 오늘 하염없이 내게 말을 걸어오고 있다. 옛 무덤의 다 삭은 부장품처럼 길 잃은 물건들 사이에서 그것은 격세지감과 함께 아픈 기억 한줄기를 떠올리게 하는 부표가 되어 시간을 표류하고 있다.

어이없는 사고로 칠흑 같은 밤, 장대 빗줄기 속으로 날아든 어머니와의 별리는 몸서리쳐지는 기억이다. 쓰라린 기억 때문인지 곳간 문고리를 잡는 손마저 떨려온다. 아득한 세월 동안 어머니에 대한 추억이 나를 에워쌀 때마다 힘겹게 고개를 내치며 부인하고자 했다. 곳간의 잠든 세간들처럼 나는 어머니에 대한 추억들을 잃어버리지 않기 위해 누구에게도 그리움을 내비치려 하지 않았다. 먼지 덮인 세간들이 쓰임을 잃었지만, 곳간에서 수십 년 자리를 지키고 있는 것처럼, 나도 마음 위로 분진을 뒤덮어가며 쓰린 그리움의 더께들을 쉽사리 걷어내지 못했었다. 내 마음의 곳간에 가득 찬 어머니의 환영을 지켜내는 방법은 문을 걸어둔 곳간처럼, 황폐하도록 내 마음을 그대로 두는 것만이 내가 할 수 있는 유일한 방법이었다.

떠나버린 어머니는 철없는 어린 딸에게 자주 종지처럼 예쁘게 커야 한다고 말씀하셨다. 종지는 그릇 중에서 가장 작은 그릇이지만, 신선로에다 토구까지 갖춘 9첩 반상기에서도 빼놓을 수 없는 한몫을 해내는 귀한 그릇이라고 하셨다. 맛있는 반찬을 한 상 그득하게 차려도 장물 종지가 빠지면 상은 예의를 갖추었다고 할 수 없을 터이다. 외상에서도, 겸상에서도, 간장 종지는 상의 가운데 자리를 차지하는 작지만 옹종한 그릇이기 때문이다.

종지에 담긴 간장은 음식의 맛을 가늠하는 기본이다. 입맛에 맞게 간을 맞추는 간장 종지는 밥상에서는 빼놓을 수가 없다. 가냘픈 체구에 늘 웃음 가득한 나에게 어머니는 작아도 꼭 있어야 하는 종지처럼 그렇게 커야 한다고 당부하시곤 했다. 있어도 그만이고, 없어도 아쉽지 않은 그런 그릇이 아니고 상차림에 빠져서는 안 되는 종지 같은 사람으로 자라야 한다고 말이다.

종지처럼 소박하지만 소중한 역할을 감당하며 어머니의 당부대로 누군가의 삶에 간을 맞추는 소임을 해내었는지 되돌아본다. 아내이자 어머니, 며느리이자 시부모였던 나의 삶은 그 역할을 소화한 적도 있지만, 도리어 누군가의 종지를 빌어 내 삶의 맛이 더욱 풍성해진 적도 많았다. 입안이 텁텁하고 힘겨울 때마다 가족과 친구들에게서 약술처럼 종지에 담긴 양념들을 받아먹곤 했었다. 남편에게 응석 부리듯 받아먹은 장들과 아이들에게서 억지로 받은 양념들이 삶의 희, 노, 애락과 어우러져 내 삶의 상을 차려놓기가 일수였다.

회한으로 가득 찬 곳간의 먼지 사이로 자그마한 종지의 의미가 유달리 크게만 느껴진다. 내 기억을 붙들고 있는 작은 종지와 어머니, 곳간처럼 황량해진 시간 속에서 길을 잃은 듯 아득하기만 하다. 많은 흔적들이 거미줄에 의지하며 쓸쓸히 자리하고 있는 시간 가운데 정적만이 이명처럼 나를 둘러싸고 있다. 종지鍾子는 상에 놓는 작은 그릇이라는 의미도 있지만 어떤 일의 끝마침을 뜻하는 종지終止라는 의미도 지니고 있다. 급작스러운 어머니와의 이별이 내 마음의 곳간을 꼭꼭 걸어 잠그고 있었다면 이제 어떤 종지終止라도 내어버리라는 듯 종지 그릇은 나를 오도카니 바라보고만 있다.

세모에 기왓장 가루로 힘들게 놋그릇을 닦는 고행을 낭만으로 되새기는 나는 곳간의 물건들처럼 퇴물이 되어버린 듯한 느낌이다. 이제 어떤 종지부를 내리며 이 곳간을 빠져나가야 할까. 뭇 세간들 속에서 작은 종지 한 개를 집어 든다. 그리움을 추억으로 갈무리할 수 있는 푼푼한 마음과 지혜로움, 아픔을 돌아보지 못하는 비겁함이 아니라 지나가는 한 편의 삶의 페이지로 받아들일 수 있는 너그러움이 문득 그리워진다. 아직 내 마음의 종지終止를 알 수 없지만 작은 종지 그릇을 보며 어떤 곳이든 그 끝을 따라가리라는 생각으로 다시 곳간 문을 나선다.

들꽃

우리 주변 산야에는 이름 모를 들꽃들이 지천으로 깔려있다.

때맞추어 나름의 자태를 꽃으로 잎으로 뽐내고 있는 모습은 인간의 삶을 그대로 보는 것 같아 마음 한쪽에 관심을 두고 있었다.

뚜렷한 취미 생활 없이 지내다, 남편이 퇴직하고 우리 부부는 별나게 돌아다녔다. 꼭 가야 할 곳도 없었지만, 이곳저곳 다니다 보니 우리나라 산야의 아기자기한 정경에 감탄하기도 하고, 나와 다른 이웃들의 색다른 생활 모습에 삶의 지혜를 얻기도 한다.

대명동 단독주택에 살 때는 제법 많은 양의 '난'을 키웠다. 꽃을 피워 향기에 취하기도 하고, 그이는 향기까지 담으려는 듯 정갈한 모습을 찍느라 분주하게 카메라의 셔터를 눌러댔다.

아파트로 이사를 하면서 난의 생육이 심상치 않았다. 사람도 새로운 환경에 적응하는 시간과 노력이 필요하듯 식물도 마찬가지라 생각되어 온갖 정성을 아끼지 않았지만, 난은 시름시름 생기를 잃어 살아날 기미가 보이지 않았다.

어느 이른 봄날 팔공산 갓바위를 올랐다. 내려오는 길에 양지쪽 언덕바지 돌 틈에 딱 달라붙어서 곱게 핀 '노랑제비'를 만났다. 그 앙증맞은 모습에 반해 한두 가지씩 모은 들꽃이 이젠 제법 아파트 베란다를 그득하게 채운다. 꽃을 파는 집에서 사 모은 것이 대부분이지만 더러는 등산길에 채취한 것도 있다. 옆 사람의 눈을 피해 가며 슬쩍 한 포기를 캐올 때는 무슨 큰 도둑질이라도 한 양 가슴이 콩콩, 방망이질을 쳤다.

오며 가며 한 포기씩 모은 것이 줄잡아 백여 가지로 식구가 늘었다. 나비 난, 물매화, 노루 오줌, 병아리 난, 층층 앵초, 등 이름만큼이나 모습도 다양하고, 꽃 모양, 색깔, 꽃피는 시기가 서로 닮지 않고 제멋대로여서 보는 재미가 쏠쏠하다. 어떤 놈은 바지런해서 날마다 꽃을 피워 주는가 하면, 일 년 넘게 공을 들여도 도무지 꽃피울 생각도 안 하는 게으름뱅이도 있다.

꽃들이 까탈을 부릴 때면 무척 힘이 든다. 들꽃이라고 수월하게 대접했다간 그들이 먼저 돌아선다. 물을 좋아하는 꽃이 있는가 하면, 바짝 말려서 키워야 하는 놈도 있고, 반그늘에서 잘 자라는가 하면 쨍쨍 햇볕에 태우듯 해야 꽃이 오는 것도 있다.

어렵잖게 들꽃 키우기가 취미 생활이 된 지 벌써 여러 해가 되었다. 처음 일 년은 그저 지깐 것들 비위 맞추느라 애간장을 태웠다.

들꽃회 회원은 아니지만, 들꽃전시회는 부지런히 발품을 팔아 앞서가는 이들의 생생한 체험을 듣기도 하고 나름대로 전시된 작품 평가도 해 본다. 멋지게 꾸며 놓은 진열대 위에서 뽐내고 있는 들꽃이 깜찍하고 보기는 좋았지만, 들꽃이 살던 자연 그대로의 모습은 아니었다. 들꽃은 들에 있을 때가 가장 아름답다. 비록 화려하지는 않지만 밋밋하면서도 순박함이 아름다움으로 대변되는 우리의 들꽃은 가냘프지만 굳센 생명력은 놀랍기만 하다. 나는 그런 들꽃이 좋다.

산과 들에 널브러진 게 들꽃인데 뭣 하러 가져와서 속을 태우느냐며 시큰둥하던 남편도 이제는 꽃들의 재롱을 즐길 줄 알게 되었다.

지난여름에는 너무 심한 더위에 그이가 가장 아끼던 '해오라비난'을 죽여서 몹시 화를 내는 걸 보면 꽃을 사랑하는 마음도 함께하는 사람을 닮아 가는가 싶다.

하루하루 변해가는 나의 들꽃 무대에서는 밤사이 꽃눈을 틔운 놈도 있고, 새 식구를 늘린 기특한 녀석도 있다. 오늘 아침에는 '벨로쥬'가 꽃망울을 열었다. 삼월 초에 올라온 꽃대가 넉 달을 배슬거리더니 꽃을 피웠다. 이 년 넘게 애지중지 사랑을 주어도 도통 꽃 피울 생각도 안 하기에 밉다고 구석진 뒷자리로 밀어 붙였더니 제 몫을 해낸 것이다.

　나는 오늘도 이 조그마한 들꽃들의 삶에서 기다림의 미덕을 배우고 있다.

잉걸불

닫힌 문 틈새로 적막감이 전해온다. 굳게 잠겨있는 곳간 문을 열었다. 정적 때문일까, 익숙한 흔적이 낯설다. 매캐한 냄새와 함께 갇혀있던 시간 들이 왈칵 달려든다. 어릴 적 순간들도 희미하게 일렁인다.

사용하지 않는 집기 위로 쌓인 먼지 더께가 시간을 헤아리게 한다. 주인을 잃은 쌀 뒤주며 장독 같은 온갖 세간들이 침묵 속에 가라앉아 있다. 살강 위에 있는 다리미에 눈이 갔다. 다리미는 금방이라도 잉걸불을 피울 수 있다는 암팡진 모습이다. 먼지를 털어내고 물수건으로 닦고, 마른 수건으로 다시 훔쳤다. 어머니가 떠나시고 빈집 지키던 유품이라 챙겨서 집으로 가져왔다. 군데군데 녹이 슨 다리미는 대강이라도 손길을 주니 윤이 났다.

네 딸의 설빔을 만들어 동정을 달고, 겨울밤, 밤이 이슥하도록 눌러 깃을 잡던 어머니는 기억 속에 선명히 자리 잡고 있다. 유년의 분홍 명주 저고리는 보이지 않고, 주름을 펴던 다리미는 싸늘히 식어 무쇠의 무게와 쇠 비린내만 더한다.

다리미도 한때는 큰소리치던 시절이 있었다. 제아무리 잘났다고 뻐겨도 내 궁둥이가 지나가지 않으면 쭈그렁밤송이 못난이일 뿐이라고 어깨에 힘을 잔뜩 주었으리라. 불덩어리를 가슴에 담고, 쭈글쭈글 뒤틀린 씨줄과 날줄을 곱게 매만져주는 일에 열정을 쏟지 않았던가. 그것은 대장간 모루 위에서 담금질 때부터 정해진 일생이거니 자신의 처지를 불평하지 않고 순하게 받아들였을 테다. 가슴속 불덩이를 앙버티며 참아 내야 하는 것이 주어진 소임이라면서.

옛날에는 지금처럼 플러그만 꽂으면 열이 오르는 전기식 다리미가 아니었다. 밥자배기 같은 꺼무튀튀한 무쇠 그릇에 가늘고 긴 손잡이가 전부였다. 그 조막만 한 무쇠 그릇 안에 벌건 숯덩이가 놓이면, 그릇은 이내 뜨겁게 달구어지곤 했다.

어머니는 한입 가득 물을 머금었다가 빳빳하게 풀을 먹인 옷가지에 있는 힘껏 뿜었다. 희뿌연 물 입자가 공중에 흩날리듯 날아오르다가 빨래에 내려앉으면, 눅눅해진 빨래 귀를 맞추어 시접이 펴지게 접고, 발로 꼼꼼히 밟은 다음 다림질을 하셨다. 다리미는 그제야 제값을 충분히 발휘했다.

저녁상을 물리고 난 다음이면 어머니는 곧잘 나를 불러 앉혔다. 혼자 하기에는 버거우시다는 것이 이유였다. 그럴 때마다 나는 하기 싫다고 짜증을 부렸다. 어린 내가 하면 얼마나 할까 싶지만, 어머니와 내가 맞잡은 치마 끝자락과 내 양손의 품이 어름이 되는 것이다. 잡힌 치마폭이 느슨해도 안 되고, 지나치게 잡아당겨 튕길 때면 여간 큰일이 아니다. 자칫 잘못하다가는 다리미가 뒤집힐 우려가 있기 때문이다. 조율의 재간은 내 몫이다. 어머니는 시종일관 참을성 있게 하려 하시지만 나는 서툴기 예사다. 당김이 느슨하면 다리미가 밑으로 닿고, 너무 당기면 다리미의 오고 감이 힘이 든다.

"놓치면 안 된데이. 꽉 잡고 있거래이." 다리미는 어머니의 몫이다. 쇳덩이 하나의 힘은 실로 컸다. 달아오른 다리미가 섬유에 닿을 때마다 치익- 치익- 소리를 냈다. 그러면서도 절대로 눌어붙거나, 타지 않았다. 뜨겁고도 따뜻한 냄새가 공중으로 날아오를 뿐이었다. 나는 범접할 수 없는 어떤 기술과 법칙이 스며있는 듯 신비롭고 신기했다.

어머니가 때때로 당신의 주름도 다리고 싶다고 하시던 말씀이 떠오른다. 그때는 그 말이 무슨 의미를 담고 있는지 알아듣지 못했지만, 그런 말을 들으면 한없이 숙연해졌다. 어둑어둑 땅거미가 내리고서야 대강 들일을 접고 푸서리 길을 서둘러 겨우 한숨 돌리신 어머니. 뜨겁다는 내색 한 번 못 하고 연로하신 시어른 봉양에, 할아버지를 찾아 사랑채를 드나드는 손님 접대로 손에 물이 마를 새가 없었다.

윗대부터 손이 귀한 집에 오셔서 내리 딸만 넷을 낳았으니 아마도 어머니는 가슴에다 잉걸불을 하나 담고 살았던 게 아닌가 하는 생각이 든다. 딸 부잣집이라는 불명예스러운 지위까지 얻었으니 타는 가슴 잉걸불을 담은 다리미에 비길 수 있을까.

씨름판 장사의 샅바를 구해 속옷을 지어 입으면 아들을 낳을 수 있다는 속설도 마다하지 않았다. 당시 쌀 몇 가마니와 맞먹을 정도의 큰돈을 치르면서 어렵사리 구하기까지 했으니 오죽하면 그랬을까 싶다. 미수가 넘도록 종종걸음을 치며 사셨다. 발이 닳도록 바쁜 나날 속에서도 이웃의 아픔을 발 벗고 품어주는 여유는 어디서 오는 것일까. 저녁이면 곧잘 이웃 아낙들이 와서 어머니 앞에 근심 보따리를 풀어 놓았다. 구석 구석마다 맺혀있는 갖가지 애환들이 소중한 삶의 조각으로 남아 되새김질을 한다.

잉걸불은 숯이나 나무가 탈 때 가장 높은 온도를 유지하는 뜨거움의 극치이고, 다리미는 불잉걸을 담았을 때 제구실을 다 할 수 있다. 어머니도 가슴속 불잉걸을 보듬으며 사셨던가 보다. 가슴이 아프도록 뜨거워야 마음이 깊어진다는 것을 잉걸불에서 조심스레 배운다.

이글거리는 장작불보다 훨씬 더 뜨거웠을 타는 가슴을 견디며, 어린 나를 억지로 앉혀두고 치마 끝자락을 잡게 하며 조율을 가르쳐 주셨던 깊은 뜻을 늦가을을 맞이하는 이제야 겨우 깨우친다. 젊은 날은 허둥대며 보내느라 몰랐다. 삶은 느슨하면 뒤처지고, 지나치게 잡아당겨 받으면 넘어질 수도 있다는 것을 다리미 속 잉걸불로 가르쳐 주셨다. 행여 딸의 삶이 엄마를 닮을까 봐 염려되셨던 것일까. 어리석어서 가슴속 깊은 곳에 담아두기만 했던 것에 초라한 속죄로 미련을 되씹는다.

 어머니의 다리미를 다시 가슴에 품는다. 늦었지만 세상을 향해 잉걸불을 담을 채비를 한다. 삶이 구겨졌다고 슬퍼하는 이에게 다리미처럼 뜨거운 정을 담아 작은 주름이라도 펼 수 있도록 다려주는 여유가 있었으면 좋겠다. 아니, 뜨거운 가슴으로 누군가의 시린 삶을 데워주는 불잉걸이 되었으면 좋겠다.

노둣돌

반가사유상 앞에 섰다. 설명할 수 없는 충만한 아름다움이 전해온다. 내 속의 탁한 기가 청정한 기운으로 순화되는 느낌이다. 자비로운 미소로 세사에 찌든 마음이 조금은 씻겨 내려갈 것 같다.

살포시 웃는 부드러움은 온종일 가슴에 머문다. 수줍음 가득한 꽃봉오리가 미세한 떨림으로 향기를 감싸듯, 온화하고 해맑은 미소는 잔잔한 느낌을 사랑으로 감싼다. 꽃보다 아름다운 미소! 가슴에 따뜻한 사랑이 샘솟는 사람만이 가질 수 있는 향기이다.

웃음이 잘 안 보인다. 마스크로 입과 볼을 가렸으니 정작 입술이나 볼로 웃어도 웃음이 밖으로 드러나지 않는다. 눈웃음이 살짝 보일 뿐.

폭소, 껄껄웃음, 냉소, 미소…. 웃음의 종류도 여러 가지다. 거기서 가장 좋은 웃음은 미소이리라. 얼굴 가득 머금는 잔잔한 웃음! 부처님이 설법을 전하실 때 염화미소拈華微笑가 바로 그것이다. 미소는 어디에서 오는 것일까? 소소한 일에도 감사하는 마음에서 오는 것이 아닐까 하는 생각이 든다.

앙투안 드 생텍쥐페리의 단편소설 〈미소〉는 한 번의 미소가 목숨을 구해 주는 이야기다. ― 전투 중에 적에게 포로가 되어 감방에 갇힌다. 간수들의 경멸적인 시선과 거친 태도에 극도로 신경이 곤두서서 고통을 참기 어렵다. 담배를 찾아 옷 주머니를 뒤져 다행히 한 개비를 찾았으나 성냥이 없다. 창살 사이로 간수를 불러 "혹시 불이 있으면 좀 빌려주십시오."

간수가 가까이 와서, 불을 붙여주려고 성냥을 켜는 사이 그와 눈이 마주쳤고, 나는 그에게 빙긋이 웃음을 지었다. 순간 그도 빙긋이 웃으며 담배에 불을 붙여 준 후에도 자리를 떠나지 않고,

"당신에게도 자식이 있소?" "그럼요. 있고말고요." 얼른 지갑 속에 있는 가족사진을 보여 주면서, 자식들이 성장해 가는 모습을 지켜보지 못하게 될 것이 두렵다고 한다. 그도 눈물을 글썽이며, 갑자기 감옥 문을 열고 나를 밖으로 끌어낸다. 마을 밖까지 나를 안내해 준 그는 한마디 말도 남기지 않은 채 뒤돌아 간다. ―

미소에는 힘이 있다. 한 번의 미소가 감방 창살을 열게 하는

힘! 어려움을 풀어주는 작은 묘약이다. 차가운 마음을 따뜻하게 데워주고, 악한 마음을 선하게 만들어주는가 보다. 미소는 우리의 영혼이 서로를 알아보는 순간이다.

고운 웃음 하나가 희망이 되고, 부드러운 관계는 따듯한 표정을 통해 만들어지며, 대가 없이 짓는 미소는 영혼을 맑게 해 주는 힘을 지녔다.

영국인 선교사가 남아프리카를 개척하고 있을 때, 주민들의 몸이 온통 털로 덮여 있어 원숭이와 구별할 수가 없었다고 한다. 해서 본국에 전보를 쳤다, 인간과 원숭이의 구별법을 알려달라고. 웃으면 사람이고, 웃지 않으면 원숭이라는 답이 왔다. 웃음은 사람을 사람답게 하는, 웃음은 인격이 아닐까.

그저 쳐다만 봐도 기대고 싶은 푸근한 얼굴이면 얼마나 좋을까. 말투나 행동에서 사람을 기분 좋게 하는, 괜스레 끌리는 사람이 있다. 마음을 편하게 해주는 사람, 감춤 없이 내 안의 고통까지도 털어놓고 싶은 사람, 살 내음이 다른 사람이 있다. 영혼을 일으켜 세우는, 하늘처럼 맑아 보이는 사람이 있다.

내 얼굴에는 푸근함보다 굳은 표정이 자리하고 있어 상대에게 거리감을 주는 것 같다. 성미 또한 수긋하지 못한 구석이 있다. 얼굴이 아닌, 좋은 느낌으로 다가갈 수 있는 어떤 방법이 필요하리라. 좋은 글을 써서 느낌을 함께 나누는 것은 어떨까? 독자에게 감동을 주는 글을 쓰고 싶다. 감동이란 글을 읽고 그 속에 담겨 있는 '긴장과 갈등'을 독자가 느끼는 가슴 떨림이 아니겠는가. 혹 어떤 이가 삶이 혼란스러울 때 그 처지가 혼자만이 아니라 '너도 그랬구나' 하면서 위로와 동력이 된다면 큰 행운이겠다.

풍랑을 겪은 누군가가 내 글을 읽고 공감하고, 힘든 시간 버틸 수 있게 노둣돌이 될 수 있는 그런 글을 쓰고 싶다. 사소한 거라도 진솔하게 표현해서 위로받을 수 있고 에너지가 전달되었으면 좋겠다. 사연이 절실하고 삶의 애환이 깃들어서 글을 읽는 사람마다 아무 말 하지 않아도 내 맘 알 듯 고개 끄덕이며 작은 웃음 짓게 하는 글. 경험을 나눌 수 있는 세계를 그려가고 싶다.

사람은 누구나 '자신만의 서사' 안에 살고, 그 안경으로 세상을 본다. 그를 설득할 수 있는 길은 그의 '개인적인 서사'에 공감하고, 다른 사람의 이야기를 통해 신념을 흔드는 일이다. 나만 아픈 것 같았는데 나보다 더 아픈 사람이 있다는 것을 알게 되는 순간, 불행이 다행으로 바뀌면서 묘하게도 위로가 된다. 위만 존재할 것 같은 세상에서 아래를 내려다볼 때 비로소 앞과 옆을 볼 수 있는 여유가 생긴다. 힘들어 본 사람만이 다른 사람의 아픔을 느낄 수 있다. 닫힌 창을 열고 내 밖에 존재하는 것에 기댈 수 있어야 한다.

제아무리 당당하게 살던 사람이라도 지팡이를 짚듯, 타인에게 도움을 받아야 하는 때가 온다. 내 글을 읽는 이들에게 치유와 회복을 선물하고 싶다. 고통을 극복하는 유일한 길은 고통을 견디는 법을 배우는 것이다. 사람은 타인을 통해서만 자신을 인식할 수 있다는 말이 새삼 아릿게 다가온다.

한 번의 엷은 미소가 목숨을 구했듯, 한 줄 글이, 마음에 부는 바람을 잠재울 수 있고, 짓눌리고 부대끼는 감정에서 벗어나 조금이라도 개운해질 수 있다면 더 보탤 수 없는 보람이 되겠다.

표정은 마음의 그림이라 했거늘 오늘 하루 나는 인간으로서 살고 있는지, 원숭이로 산 것은 아닌지. 마음 마당을 사랑으로 가득 채우고, 얼굴에서 웃는 모습이 떠나지 않게 여유를 가져야겠다. 백번의 '신음'소리보다, 한 번의 '웃음'소리가 갖는 힘을 배운다면 인생을 훨씬 행복하게 살 수 있을 것 같다. 미소만큼 아름다운 화장이 또 있을까.

잔잔한 미소가 풍기는 숭고미! 사유하는 모습의 반가사유상은 생로병사를 고민하여 명상에 잠긴 싯다르타 태자의 모습에서 시작된 것이라고 한다. 단정하게 다문 입꼬리가 살짝 올라가 엷은 웃음을 짓는 모습은 신비로움마저 전해온다. 엄격한 수행으로 자아가 빠져나간 자리에 비로소 미소를 담았다. 무언의 설법! 반가 사유상의 미소에서 사랑의 설법을 듣는다.

노둣돌이 될 글을 상상하면서 어느새 내 입꼬리가 반가사유상의 미소를 따라 하고 있다.

이불 홑청

비가 그쳤다.

가을비가 지루하게 내리더니 오랜만에 햇살이 비쳐 눈이 부시다. 무료하게 보내기엔 아까운 생각에 여름내 덮던 인조 이불을 세탁하기로 했다. 깔끔하게 한다고 누비이불에 인조 홑청을 입혀서 덮었더니 일이 많아졌다. 홑청을 빨아 삶고 풀까지 먹여서 곱게 다림질한 후 시치는 것까지도 하루에 가능했다.

거실 바닥에 넓게 깔아 놓고 바느질을 하면서 문득 어린 시절이 떠올랐다.

어머니께서 이불 홑청을 시칠 때면 영락없이 나와 동생은 이불 속으로 들어가 빳빳하면서도 매끄러운 홑청의 느낌이 좋아 그 속에서 뒹굴고 나오지 않아 어머니를 힘들게 했고, 급기야는 심한 호통에 여린 볼기짝을 한 대 맞고서야 쫓겨났던 기억이 새롭다. 그런데 오늘 내 이불 속으로 아무도 들어오는 놈이 없다. 너무 심심하고 재미가 없다. 아니 외롭기까지 하다. 밤새도록 뒹굴어도 야단치지 않을 텐데.

하기야 요즘 젊은이들은 이불 홑청을 시칠 줄도 몰라 아예 이불집에서 지퍼를 달아 주거나 끈으로 묶을 수 있도록 만들어서 판매하니 참 편리하다 싶지만, 훗날 아이들의 기억 속에 이불 홑청 꿰매는 어머니의 모습은 떠올릴 수 없지 않은가. 수월함이 마냥 좋기만 한 것은 아닌 듯싶다.

세탁기에서 정신없이 돌다가 탈수까지 끝내고 나온 이불은 다 말라도 푸시시 흐느적흐느적하여 그 어정쩡한 촉감은 도무지 때가 덜 간 것 같은 미심쩍은 느낌으로 개운하지가 않다. 적당하게 풀을 먹여서 갓 꿰맨 홑청에서 전해오는 그 칼칼하면서도 매끄러운 느낌은 손빨래만이 가져다줄 수 있는 행복감이었다.

어머니의 이불 홑청은 빳빳하면서도 매끄러웠다. 낙동강 모래사장에서 몇 날 며칠을 뜨거운 햇살에 바랜 옥양목 홑청은, 풀을 세게 먹여 할머니와 마주 앉아 힘껏 당기고 귀 맞추어 접어서 발로 밟고 다시, 폈다 접었다, 몇 차례 한 후 다듬이질을 밤이 이슥도록 하셨다.

어떤 때는 어머니 혼자 하셨고, 가끔은 할머니와 마주 앉아서 방망이네 개가 오르락내리락 춤을 춘다. 강약이 장단으로 변하고 행여 서로 부딪칠까 봐 어린 내 가슴이 콩닥콩닥 뛸 때도 있었다. 한껏 가슴 졸이며 공중으로 오르내리는 방망이를 따라 눈동자를 굴리다 보면, 어느새 나는 잠이 들곤 했다.

언제부터인가 다듬잇방망이 소리는 우리 주위에서 사라지고 이불에 홑청을 시쳐서 덮는 이도 그리 흔하지 않다. 엄마를 기억할 수 있는 일들이 줄어들고 있다. 오늘은 엄마가 홑청을 시치는 이불 밑으로 들어가서 그 칼칼하면서도 매끄러운 이불의 포근함을 느끼고 싶다. 어머니가 그립다.

"효도도 못 했는데…."

사고 소식을 듣는 순간 통곡보다 먼저 쏟아 낸 고함이었다. 늦여름 장맛비가 장대같이 쏟아지던 날 밤 어머니는 한마디 말씀도 일러 주시지 않고 하늘의 별이 되셨다.

철없는 내 사랑에 눈이 멀어 어머니의 가슴속 깊은 사랑은 보이지 않았고, 세상 물정 서툰 나는 어머니의 기대를 저버리는 못난 딸이었다. 팍팍한 삶의 무게가 버거워서 아프게 했던 어머니 마음을 한 번도 녹여 드리지 못했다. 조금만 더 여유가 생기면 잘해 드리리라 다짐을 하면서도 자꾸자꾸 내일로 미루기만 했다. 그런데 어머니는 기다려 주시지 않았다. 딸이 철이 들기도 전에 사고로 떠나신 거다. 당신의 아픈 마음보다 훨씬 더 아프게 자책하며 두고두고 세월이 흘러도 가슴이 쓰리다.

어릴 적 내 기억 속의 어머니는 늘 갓 꿰맨 이불 같은, 따뜻하면서도 빳빳한 분이셨다. 부드럽다 싶어서 투정이라도 부릴라치면 단호히 거절하셨고 기죽어 힘없이 눈치라도 살피면 따뜻하게 안아 주셨던, 결코 몇 날 며칠 덮어 오던 풀 죽은 홑청은 아니셨다.

 이 고된 작업을 어머니가 가신 지 수십 년 넘게 고집스레 해 온 것이 당신이 그리워서임을 오늘에야 깨닫는다.

꽃살문

 화사한 벚꽃길이 길손을 맞이한다. 풍기 나들목을 빠져나와 순흥면에서 벗어나고 있는 길이다. 산골길을 굽이돌아 소백산 국망봉 자락에 다다르자 차 한 대 지나가기 빠듯한 산길이 펼쳐진다. 굽잇길에 들어서자 아랫녘 매화가 향주머니 끈을 풀어놓은 듯 산속의 내음이 풍요롭다. 세속의 소리는 어느새 멀어지고 따스한 봄바람이 옷섶을 열어준다.
 인적 드문 산비탈에 이르자 성혈사가 고즈넉이 나를 맞이한다. 절집은 법당 세 채에 스님이 계시는 요사와 수행 승방 한 채가 전부이다. 암자라 해도 좋을 소담스런 절의 대웅전 뒤뜰로 부챗살처럼 가지를 펼친 만지송이 장관이다. 세 칸 법당에 달린 보물 832호 꽃살문 여섯 짝을 만나러 아침 먼 길을 달려온 나는 나한전으로 얼른 발걸음을 옮긴다.

　조선 명종 8년(1553년)에 처음 지어져 인조 12년(1634년)에 재건된 나한전은 아담스러운 고향 집에 온 듯 내 마음을 열어준다. 이 건물은 정면 세 칸 측면 한 칸, 단층 맞배 기와집에 다포식 건물이다. 배흘림기둥에 가깝게 다듬으면서 벽 선을 세우지 않고 문짝을 달았다. 법당 문중에서도 꽃살문은 부처님의 세계로 들어가는 문으로, 잰걸음으로 달려온 나를 반겨주며 시공을 넘어 끝없는 연기의 세계로 가슴 자락을 열게 한다.

　문이란 무릇 세상과의 통로이며 또 다른 출발이나 전환을 의미할 테다. 마음을 가다듬고 먼 길을 달려오게 한 꽃살문 앞에 조용히 선다. 문짝이 들려주는 이야기에 귀를 기울여 본다. 들릴 듯 말 듯 천사의 노래 인양 속삭이는 문의 도란거림을 놓칠세라 온 신경의 촉을 깨워본다. 이곳의 꽃살문은 여느 문처럼 사방 연속 꽃무늬를 새긴 형상이 아니라, 한 짝에 넷씩 긴 목판에 연 밭을 뚫새김하여 문살 위에 얹혀 있다.

　찬찬히 꽃살문 문양을 음미해 본다. 문살마다 연꽃은 흐드러졌고 연잎은 하염없이 소담스럽다. 송이마다 십종선법十種善法을 들려주고 있다. 드나들면서 연꽃 같은 삶을 살라는 뜻일 게다. 수줍게 얼굴을 내미는 꽃살문의 여린 송이 사이로 아득히 할머니가 웃고 있다.

　어릴 때 나는 꽃 문살을 드나들며 자랐었다. 해마다 가을이면 문짝을 떼서 묵은 종이를 벗겨내고 새 창호지로 문을 발랐다. 온 식구들이 함께하는 집안의 겨울맞이 행사이기도 했다. 그때마다 할머니는 문고리 주위에 책갈피에 눌러 말린 단풍잎이나 꽃잎으로 꽃 문살을 만들었다. 문짝 가운데에는 손바닥만 한 유리판을 넣어 문을 열지 않고도 바깥을 볼 수 있었다. 가장자리가 매끈하지 못한 유리판도 할머니 손길이 닿으면 꽃병처럼 화사한 거울이 되곤 했다. 아마도 그 시절 시골에는 집집마다 비슷한 꽃 문살을 만들지 않았나 싶다.

 우리 집 꽃 문살은 참한 모습과는 달리 아픈 사연도 담고 있었다. 6·25 동란 때 객지에 계시던 삼촌이 인민군의 총격으로 돌아가시었다. 전란 중에 시신이 집으로 오던 날의 할머니 모습이 아직도 잊혀지지 않는다. 할머니는 장례가 끝나는 날까지 문밖을 나오지 못하셨다. 꽃 문살 사이에 붙은 작은 유리로 내내 밖을 응시하고 계셨다. 그 후로부터 넋을 놓은 듯 꽃 문살만 바라보는 날이 하염없이 늘었다.

 꽃 문살의 고운 단풍잎도 꽃잎도 할머니의 눈에는 더는 아름다움으로 비추어지지 않았을 테다. 돌아오지 않을 누군가를 기다려본 사람은 알 것이다. 저버릴 수도, 돌아설 수도 없는 애절한 기다림이 또 다른 희망이 된다는 것을 말이다. 어쩌면 꽃 문살을 통해 할머니는 삼촌을 만나고 있었던지도 모른다. 소중한 것은 눈으로 보는 것이 아니라 가슴으로 볼 수 있기에 할머니에게 꽃 문살은 또 다른 희망과도 같았을 테다. 아니, 기억과 갈망으로 흘린 눈물의 시간이 얼룩져 있었을 것이다.

나한전 꽃살문 문양을 다시 더듬어본다. 스쳐 가는 바람에 파르라니 떨고 있는 문양들이 반백 년이 넘은 시간을 넘어 또 다른 이야기들을 속삭이고 있다. 성스러운 공간과 세속의 공간을 구분하는 꽃살문을 앞에 두고 나는 다시 시공을 초월하는 화엄의 세계로 빠져든다. 바람이 지워 버린 단청 사이로 음각으로 조각된 꽃살문의 세상은 서서히 양각의 돋을새김 극락정토를 펼쳐 내고 있다. 멀리서 보면 대칭 같은 어간의 두 짝은 좀 더 가까이서 살피면 비대칭을 이루었다. 우측 창호는 솟을 모란꽃살문 위에 통판으로 모란꽃 무늬를 조각하여 변화를 주고 있다. 희미하게 남은 단청에 누렇게 변한 나무의 속살이 고색창연함을 더해 준다. 세월의 흔적에도 목판 위에 핀 꽃은 고졸한 맛을 잃지 않고 있다.

꽃살문의 대칭을 도드라지게 깨는 것은 오른쪽 문에 새겨진 동자상이다. 귀엽게 상투를 튼 동자가 연잎 위에 사뿐히 올라서 있다. 손에 연꽃 봉오리를 잡고는 연잎 배를 타고 꽃 삿대를 저어 간다. 모든 번민을 던져버린 동자승의 천진난만함이 봄바람같이 가볍다.

문득 생텍쥐페리의 어린 왕자가 떠오른다. 저렇듯 화사한 꿈을 꾸며 무언가를 전하고 싶은 얼굴이다. 표정으로 봐서 나에게 뭔가 말하고 있는 것 같긴 한데 아직 그 뜻을 읽어 낼 재간이 없다. 내게 설법 같은 것을 할 의도는 없는 것 같고, 잎 배를 따라가다 보면 모든 갈등으로부터 놓여날 청정한 세계로 인도해 줄 것만 같다. 무아의 깊이 속에서 피어오른 동자승의 맑은 표정이 오욕으로 때 묻은 나에게 무구한 미소로 깨우침을 주는 듯하다.

동자상의 미소에 넋을 잃은 시간 사이로 시원한 바람이 스쳐 간다. 꽃살문이 만든 문양을 바라보며 문득 내 삶이 만들어 낸 무늬는 어떤 모양일까 궁금해진다. 할머니의 꽃 문살처럼 슬픔으로 깊숙하게 새겨진 조각들도 있고, 순간의 추억으로 얕게만 새겨진 문양들도 많다. 무엇보다 원망이나 후회로 새겨진 무늬가 문짝을 가득 채우고 있을 것만 같다. 칠십여 년간 쉼 없이 새겨 온 문양들을 떠올리며 서툰 솜씨에 너무 예리한 조각칼로 성급하게 새긴 것은 아닌가 되돌아보게 된다. 오롯이 나만의 문양을 새기기보다 옆 사람의 무늬를 곁눈질하느라 숨이 찼고, 대중없이 크게만 새기려고 골몰하기도 했었다.

보물로 칭송받는 꽃살문에 비하면 내 삶의 문양은 어설프기 짝이 없다. 부처님의 말씀으로 이루어진 성스러운 화엄의 세계를 내가 탐낸다는 것은 어불성설에 불과할 것이다. 빼곡히 채우기에 급급했던 삶의 무늬들 속에서 일그러진 부분을 이제 다시 지울 수는 없지만, 미흡하나마 얼기설기 문양을 만들어가고 있는 내 삶의 무늬도 감사하다는 생각이 든다. 이제라도 찬찬히 다듬고 사포로 문질러서 여백도 남기고, 보듬어가며 더 단단한 문양으로 조각하고 싶다. 설령 할머니의 꽃 문살처럼 슬픔으로 곡 진 무늬라 해도 다채로운 문양으로 아름답게 보듬어가련다.

멀리서부터 찬불가가 들려온다. 나한전 꽃살문이 들려주는 소리다. 먼 훗날 온다는 연화장세계의 환희를 노래하고 있는 듯하다. 부족한 내 눈에는 꽃살문이 인간사의 갖은 업을 담아낸 민화로 다가온다. 다복, 다산과 부귀영화를 내려 주십사 하는 축원으로 가득 차 보인다. 세월의 빛깔을 품고 있는 작은 법당문의 여섯 문짝이 큰 축복으로 와닿는다.

꽃살문이 상징으로 가득 찬 경전의 세계가 되어 다시 내 가슴을 울려오고 있다. 심오한 세계를 다 읽지는 못하지만, 눈에 그 모습을 담아 가는 것만으로도 가슴이 벅차다. 조용한 산사의 꽃살문이 빈 마음을 차근히 채워가고 있다. 다시 산을 내려갈 길이 고단하지만은 않을 것 같다.

놋 주발

　궁금하다. 얼마나 많은 골동품이 감정을 받았고, 어떤 작품들이 얼마의 감정가를 받았을까. 그 소장품들은 또 무슨 사연들을 간직하고 있을까?

　매주 일요일만 되면 고미술품을 감정하는 TV쇼 〈진품 명품〉이 방영된다. 1995년 3월 5일 첫 방송을 시작으로 일천 회를 훌쩍 넘긴 장수 프로그램이다. 여전히 새 얼굴들이 등장하고, 때로는 상상을 뛰어넘는 감정가와 아마추어 감정사들의 구수한 입담은 시청자들의 눈길을 사로잡는다. 가끔은 모조품도 진품으로 둔갑한다. 그러나 모조품임을 기가 막히게 알아채는 감정위원들의 혜안은 놀랍기만 하다. 그런가 하면 전문가도 감정할 수 없는 '0' 원의 진품도 있다. 가치를 가늠할 수 없을 만큼 고귀하다는 의미다. 안중근 의사가 중국 여순 감옥에서 생애 마지막 유묵인 '경천敬天'이다.

　누군가를 문득 떠올리면 연상되는 그 무엇이 있다. 책 제목일 수도, 어떤 사건과 연관된 사물일 수도, 우리 주변의 흔한 소품일 수도 있다.

　내게도 아끼는 물건 하나가 있다. 지금은 세월의 뒤안길로 밀려났지만, 수십 년 전만 해도 안성 유기는 주부들에게 사랑받던 그릇이었다. 어머니가 장만하셨으니 얼추 백 년은 되었다. 겉면에는 어루러기 같은 무늬가 있다.

　주발에는 아픈 사연이 서려 있다. 내가 시집오던 날, 어머니는 주발에 찹쌀을 소복 담아 비단 보자기에 매듭 없는 묶음으로 싸서 이불 보따리 속에 넣어 주셨다. 그리고는 "살다 보면 돌부리에 걸려 넘어지기도 한다. 그땐 툭툭 털고 일어서야지. 오늘은 슬플지라도 내일은 기쁨이 찾아온다. 살다 어려움이 있거든 이 주발에 물을 담아 그날을 떠 올려 보아라. 그 밤보다 힘든 순간은 오지 않을 거다. 닥쳐올 액운을 모두 주발 속에 담아 쏟아 버렸으니, 절대 기죽지 말고 본 데 있게 살아야 한다."라고 일러주셨다.

　이 주발은 우리 부부가 슬픔을 꾹 참으며 교배례交拜禮와 합환주合歡酒가 오가던 슬픈 초례醮禮를 치러 준 그 정화수 주발이다. 결혼반지보다 더 애지중지해 온 골동품이다. 어머니가 일러 준 대로 어려움과 맞닥뜨릴 때 맑은 물을 떠 놓고 곡진하게 그날과

놋 주발　89

마주하곤 하던 그릇이다. 삶의 굴곡을 주발 안에 투영해 본다.

　슬쩍 슬픔이 스쳐 간다. 슬픔이 일으키는 미풍에 일렁이는 호롱불 빛처럼 어머니의 환영이 나를 다잡는다. 순간 정신 줄이 움찔한다. 나는 좋은 혼처를 차 버린다는 어머니의 절규를 외면했다. 어머니는 그런 딸에게 싸늘히 등을 돌리셨다. 나는 평생 어머니를 거역했던 것을, 씻을 수 없는 원죄라 여기며 살았다.

　그날, 혼례는 속전속결로 진행되었다. 정식 혼례 일을 열이틀 앞두고 시아버님의 부음을 받았다. 영문도 모르고 울면서 끌려온 남편은, 이건 아니라고 몸부림을 쳤지만, 집안 어른들의 중의를 꺾을 수는 없었다. 우리는 차고 어두운 겨울밤 멍석 한 닢 깔고 희미한 호롱불 밑에서 급히 작수성례酌水成禮를 치렀다. 속울음을 삼키며 고작 소반에 냉수 한 그릇을 마주한 채 절 두 번 나누는 것으로 혼례는 끝났다. 새하얀 면사포를 쓰고 고운 웨딩드레스를 입겠다던 설렘이 허망하게 스러졌다. 들떠있던 꿈들이 주발의 수면에서 명멸했다. 느닷없이 찾아 든 그림자. 꿈에 부풀던 신혼의 꿈을 한순간에 헝클어 버린 시아버지의 타계. 면사포 대신 터드레를 쓰고 호곡하는 내 모습이 너무도 초라하고 어색해 견딜 수가 없었다. 아버님과 나 사이에 병풍 하나가 갈라치고 있었다. 고대하던 외며느리를 생과 사의 먼 경계로 맞이해야만 하는 아버님의 숙명이 가엾었다.

　어머니는 말문을 닫으셨다. 넋 나간 표정으로 나를 바라보던 젖은 눈빛은 지금도 문신처럼 지워지지 않는다. 분명 그런 어머니를 바라보며 나도 울고 있었다. 애지중지 키운 딸을, 보란 듯이 좋은 혼처에 보내고픈 어머니의 마음은 대단했다. 그러나 내 혼처는 내가 선택한다는 딸의 고집을 어머니는 꺾지 못하셨다. 그리도 내어주고 싶지 않던 혼처는, 초례청이 눈물바다였다. 어느 어미인들 초연할 수 있으랴. 꽃가마는 고사하고 곡소리가 웬 말인가. 나는 울면서 남편의 뒤를 따라 철없이 곡을 하며 시아버지의 마지막 길을 배웅했다.

벌써 40여 년이 지났다. 놋그릇은 까다로워 주부의 성품을 닮아가게 마련이다. 조금만 관심이 멀어지면 얼굴은 거무튀튀한 얼룩이 낀다. 친정어머니는 연중행사처럼 세밑이나 추석 명절에는 놋그릇을 윤이 나게 정성껏 닦아 차례상에 올리신다. 어머니처럼 나도 오랜만에 주발을 꺼내 닦는다. 품을 파니 신기할 정도로 주발이 반짝거린다. 절로 기분이 좋아진다. 두 손으로 포근히 감싸 안는다. 거기엔 내 젊은 날들의 고락이 고스란히 스며 있었다. 때로는 미화되고 채색되고 살아온 정한까지 그려져 있다. 지나고 보면 별일도 별일이 아니게 되는 것까지. 뚜렷한 상흔은 내 인생 가장 어두운 밤이었다. 그믐밤처럼 캄캄했던 첫 출발까지 놋 주발에 덧씌워져 있다.

오랜만에 물 한 주발 정갈하게 떠 놓고 어머니를 찾는다. 사소한 소망까지 거스른 일은 헤아릴 수도 없지만, 그날 그 순간이 눈앞에 선연하게 떠오른다. 시간이 흐르면 기억은 지워지고 그 위에 컴퓨터 하드디스크처럼 새로운 경험과 기억들이 덧씌워진다고 생각했다. 그러나 뇌에도 '블랙박스'가 존재하나보다. 깊숙이 저장된 파일에서 생생한 기억들이 떠오른다. 파일은 슬픔의 견성체見性體인 듯 좀처럼 해체되지 않는다. 회색 기억들이 불거져 나와서 나를 무겁게 누른다.

분명 어머니는 나를 그윽이 바라보고 계셨다. 넉넉하지 못한 신접살이를 알고 계시기에, 어미의 둥지를 떠난 자식의 서툰 날갯짓을 대비해 사랑과 간절한 기원을 놋 주발에 담아 비단 금침 깊숙이 챙겨 주셨으리라. 주발은 '가장 빛나는 별을 보기 위해서는 가장 깊은 어둠 속으로 걸어가야 한다. 희망은 절망에서부터 싹이 튼다.'라는 어머니의 메시지가 오늘에서야 걸어 나온다. 주발은 내 삶의 부적이다. 상처를 어루만져주는 치유제였다. 운명도 바꿀 수 있다는 어머니의 주술을 담은 보물이기도 하다. 값을 매길 수 없는 진품 명품이다. TV쇼에 출연하면 내 주발은 세상의 가치로 치자면 '0' 원으로 '감정 불가 판정'이 내려질지도 모를 일이다. 하지만 나는 가장 소중한 소장품으로 간직하고 있다.

흘러간 세월 위로 알싸한 아픔이 번진다. 미생물이 유기물을 분해分解시키듯, 주발의 나이테는 내 아픔을 발효시켜 그리움과 희망으로 승화시킨다. 거기엔 오롯이 어머니의 사랑이 발효의 촉매로 녹아 있음이 분명하다.

가시

 오늘은 첫 음부터 오선을 벗어난 고음이다. 이른 새벽 시간, 고함 소리가 심상치 않다. 이렇게까지 큰 소리가 오갈 줄은 상상도 못 했다. 엉뚱한 데서 불똥이 튀고 말았다. 늘 하루를 시작하는 아침은 칸타빌레로 열고 싶었는데, 반복하던 일상의 악보 위에 임시표를 다시 써넣어야만 할 것 같다.
 유달리 매캐한 고추 냄새가 거실을 가득 메운 날이다. 금방 잠자리에서 일어난 그이가 재채기를 뱉어내며 화를 낸다.
 "이거 안 할 수 없나? 다른 집에서도 이렇게 한다더냐?"
 날 선 한마디가 탁구공처럼 튕긴다. 다분히 가시가 돋아 있는 말투이다.
 냄새가 맵기는 나도 마찬가지인데 얼른 응대할 방법이 떠오르지 않아 날아 온 그의 공을 바로 받아넘긴다.

"아파트에서는 별도리가 없잖아요. 마당이 없으니 매워도 참아야지."

"내가 이 나이에 그런 말도 못 하고 당신 눈치 봐야 되나?"

주거니 받거니 언쟁의 공은 네트를 넘나든다. 늘 실랑이의 도화선은 별것도 아닌 아주 작은, 가시 섞인 한마디로 시작해서 케케묵은 일까지 들추어 서로를 헤집어 놓는다. 언쟁 끝에 바닥까지 내려놓았던 자존심이 고개를 들면 그이와 나 사이가 천 리만큼 멀어진다.

해마다 가을이면 일 년 먹을 고추를 한꺼번에 들인다. 청송의 먼 친척 집에서 보내온 고추는 거실 바닥에 누워 눅눅한 몸을 말리느라 여념이 없다. 그것은 아침 일찍 창을 넘어온 햇살과 짝꿍이 되어 우리 내외가 치고 있는 탁구를 재미있다는 듯이 매운 냄새를 솔솔 피워 올린다. 빨간 알몸으로 야외용 돗자리에 누워 일광욕이라도 즐기는 듯하다.

김장철이면 가루로 빻아진 고춧가루를 택배로 받는 친구도 있고, 태양초를 구입하는 이웃도 있지만, 나는 해마다 같은 방법을 고수하고 있다. 고추를 말리는 일이 번거롭기는 하지만 무엇보다 믿을 수 있어서 좋고, 값으로 마음 쓸 일이 없어 그러하다. 그것도 적당히 건조시켜서 보내온 것을 며칠 더 말리는 작업일 뿐이다.

'이 나이에 눈치라니, 나이가 많으면 함부로 해도 된다는 말인가. 아니 둘이 살면서 나 말고 또 누가 있나. 고작 내 마음만 읽으면 되는 것을 그걸 못 하나' 쏘아붙이고 싶은 것을 꿀꺽 삼킨다. 삶의 타성에서 오는 본능은 말 줄임표로 갈무리된다는 지혜를 터득했기 때문이다. 하지만 오늘만큼은 격앙된 마음이 쉽게 가라앉지 않는다.

'나도 당신 눈치 보며 살거든요. 된장찌개를 끓이면서, 김치를 버무리면서도. 평생 짓는 밥도 질면 어쩌나 걱정하고, 오늘은 안단테로 시작할까, 프레스토로 하루를 열까 망설이고, 음정이 올라가거나 내려가도 신경을 쓰는데요.' 지청구를 늘어놓고 싶은데 입속에서만 얼버무리고 있으니 영 개운하지가 않다. 목에 가시가 걸린 듯 마른침을 삼킨다.

불편한 심사가 가라앉지 않아서인지 집안일을 하다 선인장 가시에 찔리고 말았다. 너무 작아서 육안으로는 그것을 찾기가 힘들었다. 티끌보다 작은 가시랭이가 들어가 끙끙댄다. 불과 2mm도 안 되는 작은 가시 한 개가 찔러온 것은 비단 내 손가락뿐만은 아닌 듯하다. 우리 몸은 이물질에 대해 아주 배타적이라는 생각이 든다. 인체뿐 아니라 사람의 관념도 별반 다를 게 없는 것 같다. 선인장 가시보다 작은 토씨 하나 잘못 쓰는 바람에 대수롭지 않은 일이 별것이 되고 말았다. 선인장 가시가 내 손가락만 찔러온 것이 아니라 무뎌진 심성에도 비수를 꽂은 것만 같다.

비수보다 무서운 것이 말이라고 했던가. 무심코 뱉은 말이 이 사람 저 사람 가슴 속에 가시로 남는 경우가 있다. 찔린 사람도 나름의 보호 방법으로 가시를 키운다. 말속에서 가시를 걸러내고 사랑을 담을 일이다. 특히 부부간에 오가는 말은 남들에게서 받는 상처보다 더 깊고, 아무는 데도 오랜 시간이 걸린다. 오늘 저녁엔 서로에게 상처가 되는 말은 하지 말고 향기 나는 말을 해보자고 은근슬쩍 말해볼 생각이다.

내게 작은 가르침으로 다가온 가시에 대해서 좀 더 생각해 본다. 가시라면 으레 나쁘다고만 생각했던 고정 관념을 되짚는다. 선인장은 가시로 자신을 지킨다. 외부의 위협적인 손길로부터 나약한 자신을 보호할 수 있는 최소한의 몸부림이 가시가 아니던가. 때때로 끼어드는 가시 하나가 삶의 균형을 깨뜨릴 때도 있지만, 자신을 돌아보게도 한다. 파상풍을 일으키지 않도록 찔러주는 지혜를 찾아봐야겠다. 삶에도 긴장과 이완의 적절한 균형이 필요하듯, 더 깊어지기를 원한다면 가끔은 가시 하나 끼어드는 것도 즐길 줄 알아야 하지 않을까. 선인장꽃도 너무 가까이에서 보다가 가시에 찔릴 수 있듯이, 부부간에도 적당한 거리가 필요할 성싶다. 아직도 우리는 사랑의 발효 과정이 더 남아 있나 보다.

가시 돋친 한마디로 이른 아침 한바탕의 소동에서 소중한 깨달음 하나를 낚아 올린다. 생각해 보면 자그마한 가시 섞인 말들이 시나브로 나를 키워 온 것은 아닐까 싶다. 마음 그릇을 씻고 키우는 일은 말에 든 가시 덕택이리라.

　민망하기도 하고 속도 상하지만 해결책은 의외로 간단하다는 것을 안다. 부부싸움은 화해의 시간을 미루면 또 다른 감정의 응어리들이 자리를 잡으면서 서로 각만 세우게 되는 장기전이 될 가능성이 크다. 오선 위에 그려진 올림표를 플랫으로 다시 쓴다.

　뜨끔거리는 가시를 지그시 누르며 화해의 미끼로 휴대폰에 한 줄 메시지를 남긴다.

　"올해 김치는 맛있겠어요. 토닥거리기는 했지만, 당신이 참아 주어서요."

적묵

햇살이 뜨거운 날이다. 산사의 경내를 둘러보며 나는 지금 한여름을 걷는다. 가사 장삼을 걸친 스님들의 표정에서 경건함이 묻어난다. 어느 절집이든 일주문에 들어서기도 전에 목탁소리가 마중했는데 이곳은 숨죽이며 걷는 발걸음조차도 조심스럽다. 드세어지는 햇볕을 피해 봉암사 계곡에 들어서자 서늘한 그늘이 바닥에 납작 엎드린다.

봉암사는 경북 문경에 위치하고 있는 명성 높은 사찰이다. 봉암 결사는 한국불교정화의 토대를 마련했고, 스님들이 득도를 위해 정진하는 도량이다. 평소에는 일반인의 출입을 금지하다가 1년에 단 하루 부처님오신 날에만 개방되기에, 좀해서는 찾아가기 어려운 사찰이다. 지리적인 여건이 아니라 수도 도량 보존으로 민간인의 출입을 금하게 된 듯하다.

조계종 유일의 종립 선원인 봉암사는 '부처님 가르침대로 살아가자'는 공주규약共住規約을 두었는데 이는 불교 정화의 상징이기도 하다. 청정도량을 지키기 위해 산문을 굳게 닫은 봉암사는 오래전부터 내가 가장 가보고 싶은 곳이기도 했다. 출입이 자유롭지 못해 마음대로 찾을 수 없기에 이곳에 오기까지 기대는 부풀 대로 부풀었다. 신심이 두터운 지인의 배려로 평일에 절을 들를 기회를 얻은 것은 내게 주어진 선물과도 같았다.

절 마당에 들어서자 서서히 경건함과 숙연함이 밀려온다. 만나는 불자들은 하나같이 첫인사로 검지를 입술에 대고 입을 닫으라는 신호를 보낸다. 그 고요함에 빨려 들어간다.

경내를 병풍처럼 드리운 희양산은 속리산 줄기와 맞닿아 있고, 산 정상의 우뚝 솟은 바위가 범상치 않은 기운으로 절을 아늑히 감싸고 있다. 산 중턱의 대지에 자리한 봉암사는 신라 말, 고려 초에 불교를 이끈 구산선문九山禪門의 하나로 희양산문이라 불리기도 했다. 일제 말기 절집에서 일어나는 갖가지 선지식들이 갈피를 잡지 못하고 있을 때 총림의 청규를 세워 한국 불교의 문예 부흥에 초석을 놓았던 곳이다. 올올이 부처님 뜻대로 살아가기를, 한국 불교의 혁신을 몰고 온 청정수행의 선풍이 서릿발처럼 배여 있는 곳이다. 가장 큰 수식어는 바로 이 사찰은 일반인에게 개방하지 않는다는 것이다. 알려지기도, 드러내기도 싫다는 강한 자부심이다.

 조용히 옷깃을 여미며 대웅전에 이른다. 때마침 기도 중이다. 나도 조심스레 자리를 틀었다. 무섭도록 엄숙한 분위기가 순간 압도해 온다. 한참이 흘러서야 고른 숨을 내쉬게 되었다. 묵언이 해결 방법의 하나임을 깨우치게 된 순간이다. 입에서 향내가 나게 하려면 일단 멈추는 것이 필요하다던 어느 스님의 말씀이 떠오른다. 화나는 말, 상처 주는 말, 오해를 부르게 하는 말은, 믿음을 깨고 입에서 악취를 풍기게 한다고 했다. 한참의 기도 후에야 어렴풋이 내 안의 내가 보이기 시작한다. 맑은 공기, 새소리, 바람 소리가 설법처럼 들려온다. 갇혀 있던 마음에서 떠나 새로운 자연과 교감하자 무언으로 또 다른 위로를 받는 듯하다.

 절 문을 닫은 것은 득도를 위함이다. 해서 닫아야 얻을 수 있음을, 그것은 입을 닫으라는 뜻은 아닐 런지. 입을 닫아야 참 나를 만날 수 있다는 가르침이 아닐까. 닫는다는 것은 오롯한 자기 통찰임을 깨우치게 된다. 인간의 내면에는 오만가지 고통이 다 들어있지만, 삶의 깊은 맛은 바닥에서 한 걸음씩 올라갈 때마다 발효의 과정으로 익어가는 것이리라.

 '반 마디 잘못된 말이 평생의 덕을 그르친다.'고 했다. 부부간에 살아가면서 큰일 때문에 감정이 상하고 다투는 일보다, 무심코 나온 사소한 반 마디 말이 빌미가 되어 다툼이 일어난다. 오늘도 집을 나서면서 괜한 말대꾸로 언짢은 기분으로 출발했다. '참았어야 했는데…' 스님들의 묵언 수행이 얼마나 값진 정진임을 다시 절감했다.

백팔 배를 올리고 가쁜 숨을 들이마신 후 천천히 일어나 국보 315호인 지증 대사 적조 탑 비 앞에 섰다. 두 손을 합장하고 몇 차례 탑돌이를 하고 나자 등줄기에 땀이 흘러내린다. 마음의 창을 드나드는 것은 감정의 바람이란 것을 탑돌이 걸음이 알게 하였다. 진리는 늘 먼 길 돌아서야 깨우치게 되나 보다.

잠시 더위를 피해 계곡으로 내려선다. 물줄기를 따라 희양산 기슭을 오르자 화강암 너럭바위가 위용을 드러낸다. '옥석대'로 일컬어지는 바위 위로 명경 같은 물이 흐르고, 큰 절벽으로 '마애석불'이 천년의 역사를 등에 업고 있다. 침묵할 수밖에 없는 풍경이다. 쉼 없이 흐르고 부딪치는 물결은 억겁의 시간을 두드려 거친 바위를 매끈하게 다듬었다. 시련을 역사로 수렴하는 지혜를 바위에게서 듣는다.

"수천 생을 반복한다 해도 지금 사랑하는 사람을 만나기는 어렵다. 그러니 지금 후회 없이 사랑하라. 사랑할 시간이 그리 많지 않다."는 인도의 스님이자 시인인 신티데바의 말씀이 살포시 가슴에 와 안긴다.

이곳을 들를 기회가 더는 없을 수도 있다는 조바심이 걸음을 재촉한다. 다시 봉암사 경내를 돌아 희양산의 당당하고 우람한 암봉을 마주한다. 바위는 묵직한 품으로 봉암사를 안고 있다. 눈에 보이지 않지만, 부처님의 자비가 전해져온다.

　적묵寂黙이 죽비가 되어 가슴을 후려친다. 꼭 채워야만 영원할 것 같은 욕심을 내려놓는 순간이다. 끝없는 욕망보다 지금 가진 것을 잃지 않고 지키는 일이 더 어렵겠다는 생각이 든다. 원하는 무엇이든 다 들어 준다 해도 내가 가진 단 한 가지가 더 소중하다는 것을 깨닫는다. 무던히도 더 담으려고 버둥거렸지만, 지금의 내게 돌아올 몫은 여기까지가 아닐까. 스스로 넉넉함을 안다는 것은 또 얼마나 감사한 일인가. 지쳤던 몸속 세포들이 생기를 되찾고, 소리 없이 뜨게 된 마음의 눈이 더없이 귀하게만 느껴진다.

　봉암사로 불어오는 산 능선의 바람이 시원하다. 아쉬움이 다할 때까지 이곳에 머무르고만 싶어진다. '중생구제'라는 지고의 뜻이 이루어지는 날, 닫혀 있는 봉암사 산문 빗장이 열릴 그날이 벌써 기다려진다. 멀리 산 정상에 돌부처가 뜨거운 햇살을 받으며 결가부좌를 틀고 있다. 천년의 세월을 묵언 수행 중일 터이다. 조용히 채워진 가슴을 안고 다시 절 문을 나선다.

푸석돌

 창밖을 바라본다. 가을이 무르익은 거리로 노란 은행나무가 줄을 서 있다. 찬란한 빛을 뿜은 잎사귀 사이로 바람이 스쳐 가자 거리 가득 금빛 물결이 일렁인다.
 얼마 후이면 우리 부부의 금혼 일이다. 금빛 은행잎을 보며 금혼金婚의 의미를 다시금 생각하게 된다. 지혼일紙婚日도, 은혼일銀婚日도 지나 오십 주년을 맞이하는 감회는 크다.
 종잇장처럼 찢어지기 쉬운 신혼부부였던 우리가 정금처럼 단련되어 간 시간들을 떠올려 본다. 언젠가 금의 생성 원리를 들은 적이 있다. 몇억 년에 한 번 일어나는 희귀하고 거대한 행성 폭발로 우주에서 가장 높은 온도가 발생하는데, 이때 생성되는 것이 금과 백금이란다. 거대한 중성자별 두 개가 충돌하면서 발생

되는 강력한 에너지를 통해서만 금이 우주로 흩뿌려진다고 들었다. 각고의 시간을 거친 후라야 금이 생성되니, 금혼 일을 맞으며 우리가 함께한 오십 년의 의미가 더욱 소중하게 와 닿는다.

환상적인 만남을 꿈꾸지 않는 이 있을까마는 돌이켜보면 우리 부부의 만남은 정련된 금은커녕 푸석돌의 만남에 가까웠다. 건드리기만 해도 쉽게 부서지는 푸석돌 두 개를 한 덩이 돌로 만들기가 가능한 일이겠는가. 입자의 굵기가 서로 다른 돌덩이는 어느 한쪽이 품는다고 해서 쉽게 뭉쳐지지도 않을 터이다. 습기가 부족한 돌은 마음처럼 쉽사리 뭉쳐지지도 않았다. 서로의 틈새를 노려가며 살며시 스며드는 배려가 있어서 겨우 조금씩 간극間隙을 좁힐 수 있었다.

돌아보면 얼마나 자주 눈물을 찍어냈던가. 쪼들려서 속울음을 삼켰고, 서로가 맞지 않아 티격태격. 야속해서 토라지기도 했다. 미운 마음에 밤새 등을 돌린 채로 원망도 하고, 때론 낯선 얼굴 같은 생소함에 흠칫 놀라며 서먹해진 일이 한두 번이 아니었다. 바삭바삭 부서질 것 같은 삶의 순간들을 주무르고 반죽하느라 마음을 태운 일도 허다했다.

청춘의 마지막인 통과의례가 고작 작수성례酌水成禮라니…. 혼례식 때 떠 놓은 물 한 사발로는 도저히 결혼 생활의 모든 것을 포용할 수 없으며, 많은 양의 눈물들이 진액이 되어서야 부부라는 업을 아울러 갈 수 있다는 사실을 깨치는 데 반세기가 걸린 듯하다. 봄바람 가을비가 수십 년 거듭하고, 눈물샘이 거지반 마르고 나서야 부부라는 화음을 고르게 되었다.

  내가 혼인할 무렵에는 결혼 예물로 황금 가락지 한 쌍이면 호사였다. 나는 혼수함보다 부음을 먼저 받았다. 함 받을 날을 열흘 남겨두고 시아버지께서 갑자기 운명하셨다. 가난의 굴레를 못 벗어 작수성례를 한다지만 장례식 날자 안에 며느리 상주를 들이기 위하여 부랴부랴 찬물 한 그릇으로 혼례를 치렀으니 혼수함 따위는 안중에 있을 리 없었다. 예기치 못한 상황에 비록 금가락지는 받지 못했지만, 내 삶을 황금으로 만들어 가겠다는 각오로 옹골지게 마음을 다졌다.

  결혼은 남편과 아내가 서로 다름을 확인하고 서로에게 맞추어가는 과정이라고 하지 않았던가. 그이와의 이질성을 좁혀가는 항해를 작심했다. 풍랑이 우릴 덮칠 양이면 선장을 다그치며 뱃머리를 휙 돌릴 때도 있었고, 때로는 방향키를 서로 잡겠다고 실랑이를 벌이기도 했었다. 이정표도 등대도 없는 망망대해에서 비바람의 예봉을 피해 서로를 감싸 부둥켜안았고, 격려하며 오십 년을 이어온 치열한 대장정이었다. 푸석돌일망정 아귀를 맞추고 정으로 보듬으니 단단한 한 덩이의 돌로 뭉쳐졌고, 잘 융합하면 황금빛을 발산할 수 있음을 확인했다. 험한 풍랑을 헤치며 항해하는 동안 황금 쌍가락지보다 더 소중한 보물을 셋이나 얻었으니 푸석돌의 여행은 값진 항해였음이 틀림없다.

지금까지 어떤 제련사도 금을 만들었다는 기록은 없다. 철이나 구리 납 따위의 비금속을 금이나 은 같은 귀금속으로 변화시키는 화학 기술은 찾아내지 못했다. 금은 불순물이 없는 정금이 값지고, 순정한 금은 왕수에만 녹기에 정련도 어렵다. 푸석돌이던 우리 부부가 정금으로 담금질된 것은 연성인 그이와 점성이 강점인 내가 서로에게 맞추어가는 화학반응을 일으켜 이룩한 결정이다.

금혼이란 세월의 물살에 깎인 아픔들이 황금색으로 승화되는 시간의 다른 이름이 아닐까. 그 무엇과도 바꿀 수 없는 인생의 훈장 같은 것이리라. 티격태격했던 크고 작은 부딪힘은 그 모두가 금을 만들기 위한 사랑의 날갯짓이었던가 보다. 그것은 치열한 제련 과정의 증표임이 분명하다.

창밖으로 금빛 은행잎들이 하늘 높이 춤을 춘다. 우리 부부의 금혼을 축복하는 듯 심장의 운율에 맞추어 포물선을 그리다가 길바닥을 온통 황금 카펫으로 펼쳐 놓는다. 어느새 내 마음은 그이의 손을 잡고 노란 양탄자 위를 사박사박 걷고 있다.

3부
작은 행복

"어쩌면 우리네 일상사에서도 작은 것들로 감동하는 경우가 많지 않을까 싶다. 등산길에 살짝 잡은 손길에서 전해져 오는 따스함이라든가, 배낭 속에 날 주려고 챙겨 온 사과 두 개. 나는 이런 작은 배려에 가슴이 따뜻해지고, 오래도록 이 소박한 사랑을 소중히 간직하고 싶다."

흉터

메시지가 왔다는 신호음이 울린다.
"비가 와도 계획대로 떠납니다. 꼭 참석 바람."
기꺼이 참석하겠다는 답신을 보냈다.
 기상청의 예보대로 새벽부터 추적추적 비가 내렸다. 포기해 버릴까 하는 생각도 있었지만, 가을비 속의 여행도 나름대로 운치가 있겠다 싶고, 반세기만의 만남이라는 기대가 내 손을 잡아끌었다. 여행이 마음을 들뜨게 하는 묘한 기분은 어릴 적 소풍 가는 날처럼 예나 지금이나 마찬가지다. 비옷까지 챙겨 입고 서둘러 집을 나섰다. 남녀 동기생들이 함께하는 나들이는 졸업 후 처음이어서 더욱 설렌다. 빗방울은 점점 더 굵어지고 차창의 윈도우 브러쉬가 바쁘게 움직일수록 낭패감이 없지 않지만, 우중의 낭만을 그려보며 애써 마음을 안정시킨다. 긴 세월 기억의 저편에 잠들어 있던 추억들을 꺼내 보고 가슴이 촉촉이 젖을 때까지 빗속을 걸어 보고 싶다. 버스 안은 오십 년 묵은 이야기보따리를 한꺼번에 풀어 놓느라 내남없이 시끌벅적하다. 세상 근심 다 잊은 행복한 얼굴들이다.

문경 새재에 도착하자 사과 축제로 여행객의 감흥을 돋운다. 몰려드는 인파들로 새재가 초만원이다. 빗물을 안고 떨어진 단풍잎들이 길바닥에 무늬를 그려 놓는다. 산은 온통 붉은색으로 타오르고, 관광객들의 화려한 차림새와 어우러져 내 가슴에도 불꽃이 일렁인다. 학창 시절 나뭇잎을 주워서 책갈피에 꽂아 두었던 추억이 살아나 단풍잎 몇 닢을 집었다. 예쁘다 싶어 주운 것이 하나같이 벌레가 먹었거나 찢어진 흉터가 있다, 큰 잎도 작은 잎도. 주웠다가 버리고, 또 주웠다가 제자리에 놓아둔다. 한참을 걷다가 이번에는 아예 상처 난 잎을 한 닢 주워 들고 그 의미를 삼켜본다. '이 생채기는 한 삶이 겪어 온 굴곡의 흔적이 아니겠는가.'

봄날 연둣빛 꿈을 꾸며 태어나, 뜨거운 여름날 작열하는 태양 아래에서 인내를 배우고, 삶의 고뇌를 삭이며 그 빛깔마저도 곱게 바꾸어 가는 가을의 슬픔까지도 기꺼이 받아들인다. 시간이 만들어 낸 흔적 속에 자리한 연민들을 나는 삶이라 부르고 싶다.

단풍잎마다 나 있는 홈집들을 보며 내 삶을 뒤돌아본다. 사노라면 후회와 아쉬움 없는 삶이 있으랴. 멀리서 보는 단풍잎이 곱고 티 없이 맑게 보여도 낱장을 주워보면 온전하게 물든 것은 만나기가 힘들다. 삶 또한 멀리서 보면 화려하고 멋져 보여 부럽구나 싶어도 가까이서 들여다보면 사람 사는 애환이 별반 다르지 않다. 저마다 아픈 사연들을 삭이며 가슴에 묻어두고 살아간다.

 천사처럼 착한 영아는 둘째를 가슴에 묻었고, 잉꼬부부로 소문났던 혜숙이는 그 사랑을 먼저 떠나보내야 하는 막막함을 견뎌냈다. 몇몇 친구는 무서운 암세포와 싸우느라 시시포스처럼 힘겨워 보인다. 삶은 비바람에 흔들리고 철들며 버티어 가는 과정이다. 시나브로 떨어진 낙엽이 나풀거리다 발밑에 내려앉는다. 한 생을 마감하고 말없이 땅에 눕는다.

 여행은 건조한 일상을 벗어나 낯선 풍광과 문물에 자신을 담아 되돌아보며 삶의 의미를 찾아 나서는 길이다. 한발 물러서 돌아보면 안간힘을 쓰며 붙잡고 있던 일상사가 일순간 무미해지고, 자신이 작은 단풍잎과 별반 다를 게 없겠다는 생각도 든다.

 오늘 상처 난 단풍잎이 내게 물어온다. 가지가 잎을 버리듯 움켜쥔 주먹을 펼 수 있는가, 하고. 본능처럼 가슴에 똬리를 틀고 있는 이기심과 탐욕을 낙엽 더미에 내려놓을 수 있는지를. 모든 미련을 떨치고 길바닥에 내려앉은 낙엽의 겸양을 배우고 있느냐고.

 상처 하나 없는 고운 은행잎을 한 닢 주웠다. 공연히 심술을 부려본다. 아픔 없는 삶이 어찌 원숙할 수 있겠는가. 그냥 바람에 흩날려 보냈다. 다시 한 귀퉁이가 일그러진 단풍잎을 하나 집어 든다. 작은 생채기 속에는 수많은 의미들이 숨바꼭질한다. 한 치 앞을 알 수 없는 우리네 삶과 같이, 일그러진 자국 속에 숱한 사연을 담고 있을 터이다. 동병상련이라 했던가. 어쩐지 그것과 나는 은밀한 소통이 이루어질 것만 같다. 곱게 책갈피에 꽂아 두리라.

흔적 진 낙엽처럼 내게도 흉터가 있다. 수년 전 화장을 하다가 떨어진 화장품 통을 급히 주우려다 바닥을 짚으면서 팔뼈가 부러졌다. 인공 뼈를 넣어야 할 큰 수술을 받았고, 일 년 뒤에는 삽입했던 보조물을 빼내는 수술로 흉터를 지니게 된 것이다.

수술 자국을 보이기 싫어서 더운 여름날에도 긴소매 옷으로 감추려고 애를 썼고, 마음 한편으로 허허로움을 지울 수 없었다. 하지만 낙엽은 자존의 상처를 모두 내려놓고 보란 듯이 길바닥에서 짓밟히면서도 행인들에게 빗속의 낭만을 선사하지 않는가. 아픈 만큼 성숙한다더니 상처는 내게 겸양을 깨우치게 한 것 같다. 낙엽의 생채기가 우군이 되어 스멀스멀 다가온다, 다시 가슴이 따뜻해 온다.

낙엽들의 상처 위에 내 삶의 흉터들이 하나, 둘 겹쳐진다. 흉터가 삶을 성숙으로 승화시키는가 보다. 좀 더 푼푼한 삶을 꾸려갈 수 있도록 구멍 난 낙엽과 많은 이야기를 나누고 싶다. 소나무의 옹이에서 진한 솔향이 배어 나오듯, 삶의 향기도 고통과 슬픔의 딱지에서 흘러나오려는가 보다.

 돌아오는 차 안은 온통 흥에 겨워 학생 시절 수학여행과 흡사했다. 반세기 동안 그들에게도 얼마나 많은 흉터가 있었겠는가. 웃옷으로, 긴 소매로 그 상처들을 모두 감추고 흥 속에 자신을 묻고 있다. 오늘은 흉터가 있기 전에 고운 살결을 지녔던 소년 소녀로의 회한 여행을 하고 있다.

 잠시나마 상처를 보듬으며 돌아오는 차창 밖으로 비는 하염없이 내리고 또 내린다.

괜찮아

   화장대 앞에 앉는다. 창을 통해 쏟아지는 햇살이 부담스러워 블라인드를 반쯤 내리고 거울을 본다. 부스스 윤기 없는 머리카락은 오늘따라 내가 아닌 듯 어색하다. 색깔을 잃어 하얗게 풀 바랜 모습의 나를 보고 있다. 거울에 비치는 모습은 살아온 만큼의 두께와 빛깔일 터인데 오늘은 아무래도 부정하고만 싶어진다.
   두 손으로 얼굴을 문지르고 손가락으로 빗질을 해 봐도 조금도 나아지지 않는다. 다시 봐도 낯설다. 마흔만 넘어도 자기 얼굴에 책임을 져야 한다는데 삶을 버티느라 그럴 여유도 없이 훌쩍 지나가 버렸다. 돋을새김의 인생 계급장과 반백의 머릿결을 아무리 예찬해도 쓸쓸한 마음이 기미처럼 깊게 침습되어 있으니 어찌하랴.

머릿속에서 일탈의 유혹이 꿈틀거린다. 탄력을 잃은 피부와 하루가 다르게 늘어나는 흰 머리카락에 대한 반항이다. 나이보다 젊어 보이고 싶은 것이 사람 마음 아닌가.

주섬주섬 핸드백을 들고 집을 나서 단골 머리방으로 향했다.

"아직 컷할 때가 안 됐잖아요?"

"자르는 것이 아니고 염색을 해야 할 것 같아서요."

괜히 주눅이 들어 기어드는 목소리에 발끝까지 저려 온다. 거울 앞에 앉아 있는 다른 사람들은 모두 젊고 당당해 보여서이다.

긴 시간을 부동의 자세로 앉아 머리를 맡겼다. 미용사의 날랜 솜씨로 염색약을 바르고, 비닐 모자를 눌러쓴 다음 빙빙 돌아가는 열기구 앞에 앉았다. 머리를 감고 영양제를 바르는 것으로 단장은 마무리되었다.

"십 년은 젊어지셨네요."

미용사가 일상적인 찬사를 덧붙인다. 칠흑 같은 머리의 낯선 얼굴 하나가 거울 속에 앉아 있다. 도리 도리질을 하고 싶을 만큼 어색하다. 분명 집을 나설 때의 내가 아니다.

미장원을 나와 한참을 걷는다. 변모된 모습에 가벼워질 줄 알았던 발걸음이 점차 무거워지고 있다. 어쩐지 서글픔이 발뒤꿈치를 바투 따른다. 누군가에게라도 부대고 싶은 허전한 마음을 옷깃에 숨기고 하늘을 쳐다본다. 나이는 무조건 육신을 앞으로만 끌고 가려 하고, 욕망은 거역하려 애를 쓴다.

괜찮아

얼굴에 세월이 엮어놓은 나이테가 선명한 무늬를 그려놓고 머리카락만 까맣게 되돌린다는 것은 뭔가 균형이 어긋나 어색하기만 하다. 나이에 걸맞게 희끗희끗 흰 머리카락이 섞여 있는 게 더 자연스럽다는 말이 그냥 듣기 좋으라고 하는 말인 줄 알았었다.

불현듯 어느 시인이 했던 말이 떠오른다. 우리에게서 모든 것을 다 앗아가고 얼굴까지 추악한 가면으로 바꿔 놓으면서도 아름다움을 추구하는 욕망만은 거둬가지 않는 것이 조물주가 인간에게 가하는 지독한 형벌이라고 읊지 않았던가. 나는 오늘 조물주의 경고장을 받아 들고 고개를 숙이고 있다. 팽팽하던 젊은 날의 자신감은 무너져 내리고. 무쇠라도 녹여낼 듯 타오르던 삶의 의욕마저 쇠락하는 근력 따라 스러짐에 무기력하다.

네댓 명의 아가씨들이 맞은편에서 똑똑 구두 굽 소리를 경쾌하게 울리며 당당하게 걸어오고 있다. 노랑머리 빨강 머리 아가씨들이 풋풋한 머릿결을 찰랑대며 다가온다. 마치 젊음을 시위하려는 것만 같다. 단지 색깔만 다르게 했을 뿐인데 그 빛깔 속에 세월이 묻어 있다. 내게도 저런 시절이 있었으나 그때는 그게 축복인지 몰랐으니 행복 체감은 그때나 지금이나 별반 다를 것이 없다. 만약 지금 20대로 살아야 한다면 그것은 더 끔찍할 것 같다. 청춘은 설렘이 있었으나 그 시절은 또 얼마나 버거웠던가.

쓸쓸하고 우울한 빛깔로 여겼던 회색 머리카락은 방황을 끝낸 여유로움으로 감당할 만한 것이려니 스스로 위로한다. 거울에 비친 모습이 바로 내 삶의 그림자이고 얼이 아닐까 싶어 다시 마음을 다독인다. 더러는 늙을수록 아름다워지는 사람을 만나기도 한다. 나이테가 그리는 동심원이 원숙미와 아량, 지혜의 보고가 되어 또 다른 아름다움을 만들 수도 있겠다는 생각을 해 본다. 거울 속 내 모습은 숱한 앙금들을 걸러낸, 내 삶의 향기가 묻어나는 그런 얼굴로 가꾸어가고 싶다.

  늙음이란 무능의 이유가 아니라 원숙의 증거이며 쇠락하는 것이 아니라 성숙하는 과정의 다른 이름이라 믿고 싶다. 내 삶이 깨달음을 축적해서 '무엇이든 물어 보세요'라고 장담할 수 있는 슬기로운 어른이고 싶다.

  길거리 위로 드리우기 시작한 저녁노을은 이윽고 그림자마저 거두어 갈 것이다. 시간이 그리 많지 않다. 좌표를 수정해 본다. 내 모습과 색깔을 사랑하며 살아야겠다는 생각에 마음이 홀가분해지고 발걸음에 다시 힘이 차오른다. 나이 듦을 순순히 받아들이고 스스로를 사랑하는 힘은, 모든 가치를 넘어설 수 있을 것 같다.

  섭리가 주는 경고장은 다시 내게 속삭인다. 안테나를 희망 쪽으로 돌려 마음을 다잡으면 또 다른 기쁨을 길어 올릴 수 있으니, 삶의 방향을 희망에 걸어보라고.

  집으로 향하는 길목 어디선가 '괜찮아'라는 위로의 속삭임이 어슴푸레 들려오는 듯하다.

재롱잔치

"아는 것은 좋아하는 것만 못하고, 좋아하는 것은 그것을 즐기는 것만 못하다知之者不如好之者,好知者不如樂知者."라는 말은 공자가 남긴 말이다. 나는 마음이 평화로운 일상을 만나면 곧잘 콧노래를 흥얼거린다.

황혼도 끝날 즈음에 동기 합창반을 만들자는 기쁜 소식이 날아왔다. 노래 부르기도 끌렸지만, 친구를 자주 만날 수 있다는 기대가 내 발걸음을 가볍게 한다. 잘해서가 아니라, 좋아서 함께 할 수 있었다.

졸업한 지 회갑 년을 넘긴 팔십 대 동창들이 모여서 노래를 부른다. 장르 또한 진부한 트로트가 아닌 교단에서 풍금 치며 가르치던 동요에서, 고교 음악 교과서에 나왔던 가곡까지라니 생각만 해도 가슴이 떨린다.

 음악으로 한평생 살아온 친구가 앞장서 탄생시킨 합창반이다. 처음부터 경연을 목표한 것이 아니라 동기 동창이면 누구나 노년을 함께 즐기자고 한 순수 자생 동아리이다.

 노래를 부른지 일 년 반 만에 발표회를 열었다. 처음 경험해 보는 남, 여 혼성 합창 발표회다. 모두 두근거림으로 분홍 카펫이 깔린 무대 위에 섰다. 그냥 가만히 있어도 숨이 헐떡거릴 나이에 들숨, 날숨을 조절하고 박자에 맞춰 숨을 길게 참아야 하는 호흡 조절이 조금은 버겁지만, 마냥 즐거웠다.

 전국 방방곡곡에 흩어져 있는 친구들을 초대해서 조촐한 재롱을 선보인 것이다. 말 그대로 노치원생老稚院生들의 재롱잔치다. 화음이 좀 부족한들 어떠리, 스스로 다독이며 깊은 숨을 들이마신다. 교수가 되어 있는 단장의 제자들이 특별 재능 기부로 다듬어 낸 피아노, 바이올린, 첼로의 화음이 우리들의 모자람을 보듬어 주었다.

 기력이 여의치 않아 얼굴을 못 본 친구도 있었지만, 서울, 부산, 문경, 예천, 영주, 경주, 안동 등지에서 먼 길 마다하지 않고 기꺼이 달려온 수십 명 벗들이 눈물겹도록 반갑고 고마웠다. 머리칼이 희끗희끗, 얼굴에는 삶의 등고선을 그렸어도 서로 얼싸안는 순간 금방 아득한 학창 시절로 데려다 놓았다.

 어느 친구는 발표회 영상을 편집하여 동영상을 멋지게 만들어

전국 친구들에게 보내 주어서 두고두고 고운 추억이 되겠다. 인정이 그립고, 친구가 보고픈 나이, 너무 멀리 와 있다는 외로움! 노년의 쓸쓸함과 회한이 뒤엉켜 만감이 교차하지만 즐겁다.

〈과수원 길〉, 〈옛 동산에 올라〉, 〈동무 생각〉, 〈즐거운 나의 집〉 애창했던 노래들의 제목도 노랫말도 희미하지만, 아련한 선율을 따라 까마득한 세월을 거슬러 환히 열리는 그리운 얼굴들. 추억의 노래들은 아스라한 어린 시절을 단박에 소환하는 묘약임이 분명해 보인다.

매주 화요일은 대구 중앙로 YMCA에 모여 한 시간 남짓 노래 동산을 거닐다가, 찻집으로 옮겨 수다를 떤다. 우리들의 일상이 훗날 아름다운 백미로 기억되지 않을까 싶다. 뭘 배우고 싶어도 나이 탓하며 엄두를 못 낸 것이 어디 한두 가지던가.

노래를 부르면 엔도르핀 분비를 촉진시켜 기분이 좋아지고, 폐활량을 늘려 주며, 기억력, 집중력을 향상, 치매 예방에도 도움이 된다. 또한, 공동체 의식을 높여주는가 하면, 공연을 통해서 자신감을 키워 주어 뿌듯하기까지 하다. 음악의 힘은, 나이와 상관없이 뇌의 노화를 지연시킨다는 것은 많은 전문가의 견해란다.

인간의 뇌는 나이가 들어서도 계속 성장할 수 있다는 글을 읽은 적이 있다. 새로운 과제를 수행하느라 사고하고 고심하면, 뇌의 연결고리가 끊임없이 그물망을 만들어 인지 기능이 향상된다는 것이다.

운동을 계속하면 근육이 늘어나듯, 뇌에서 새로운 신경망이 생겨나서 뇌 기능이 좋아지고 정서 상태도 나아질 수 있다는 것이리라. 음악에 치유의 힘이 있다니 희망을 걸어 본다. 새로운 도전은 설렘이고, 즐거움이다.

우리는 지금 어느 가수가 부른 노랫말 '익어가는 것'이 아니라, 조금씩 '되살아남'으로 다가가는 길을 찾고 있다. 늘그막에 내 영혼을 정화할 힘을 합창 말고 그 무엇에서 찾으랴. 나는 형체도 없는 오묘한 음악의 힘을 믿고 싶다. 감미로운 선율을 만들기 위해 최선을 다해 음을 다듬어가야겠다는 다짐이 선다. 해마다 저절로 더해지는 내 나이는 잊고 사는 게 좋겠다.

링 타이

거울 앞에서 조금 조금씩 입을 벌려 본다. 마음에서 우러나오는 웃음은 하루아침에 완성되는 게 아니었다. 내 표정은 어쩐지 석공이 쪼고 깎은 것 같다.

웃음 중에서도 가장 아름다운 것은 입꼬리가 살짝 올라가는 초승달 같은 모습일 것이다. 나뭇잎 뒤에 숨은 초승달처럼 여릿한 웃음은 누군가에게 오래 기억되는 따듯함으로 남는다. 멋진 웃음을 비유할 때 흔히들 모나리자의 그림을 떠올린다. 그녀의 입꼬리는 우리를 행복하게 만든다고.

그보다 훨씬 앞서 신라인들은 웃는 얼굴 무늬의 기와를 얹어 집을 짓고 살았다. 웃는 기와는 처마 밑으로 떨어져 얼굴 한쪽이 금이 가고 깨졌어도 웃는 모습은 망가지지 않았다. 그 천진스러운 표정은 천년을 뛰어넘어 우리에게 여전히 초승달 같은 웃음을 보여 준다.

나는 오늘 그 천 년 전의 '신라인 미소'를 선물 받았다. 지인 한 분이 손재주가 뛰어나 목공예를 반세기 가까이 취미로 해오고 있다. 그분은 수막새의 얼굴을 조각한 것이다. 손이 부르트도록 깎고 다듬어서 목걸이로 만든 천년의 아름다움을 나누어 오고 있다.

이 조각 작품은 1934년경 경주 흥륜사지興輪寺趾에서 발견된 신라 인면와당人面瓦當이다. 와당은 건물의 처마 끝을 장식하는 둥근 모양의 기와로서 수막새라 하며 깨어진 상태로 출토되었다. 그 맑은 표정을 되살려 사랑이 메말라가고 있는 현대인의 모습에다 잔잔한 사랑을 불어 넣어 만든 향나무 제 와당 모형이다. 향나무는 자기를 찍은 도끼에도 향을 묻힌다고 했다. 해학적이기까지 한 그 티 없이 맑고 나긋함은 모든 우리의 이웃에게 사랑을 전해주고자 하는 따뜻한 의미를 담고 있다.

흔히들 웃는 모습은 꽃보다 더 아름답다고 한다.

"웃어라. 행복하게."

항상 얼굴에 온기를 담고 있어야 복이 찾아온다고 한다. 복은 우리의 미간에 걸터앉아 간신히 버티고 있다가 그것을 살며시 내려 줄 기회를 찾고 있다는 것이다. 자칫 얼굴을 찡그리는 순간, 그 복이란 녀석은 그만 미끄러지듯 떨어져 버린다는 것이 그분의 지론이다. 그래서 링 타이를 목에 걸고 있으면 쪼르르 미끄러져 내려오다가도 목에 걸린 와당의 초승달 덕분에 다시 올라가서 미간에 머무를 수 있다는 것이다. 복이란 웃음 뒤에 숨어 있어서 쉽게 찾을 수 없나 보다. 슬며시 깨무는 웃음 끝에는 향기 같은 여운이 오래 남는다. 신라는 수막새의 웃음으로 천년의 역사를 쓸 수 있었지 않았나 하는 생각이 든다.

  미소란 작은 사랑의 의미로 잔잔하게 흐르는 마음의 강물이다. 그것은 꽃피는 몸짓으로 조용하게 다가가는 무언의 신호다. 찌푸린 미인보다는 못나도 웃음을 담은 얼굴이 우리를 기쁘게 한다. 신이 우리에게 준 가장 큰 선물은 웃음이라고 하지 않았던가.

  웃어주자. 자신에게, 그리고 누군가에게. 초승달 같은 웃음을 웃어주자. 그것은 자신에게는 살아가는 힘이 되고, 누군가에게는 오래 기억되는 한 줌의 위안이 될 것이다. 도저히 인위적으로는 지을 수 없는, 가식 없이 자연스럽게 우러나오는 '뒤 센' 미소를 지어주자. 아기의 천진한 얼굴을 대했을 때 뇌가 느끼는 행복감은, 횡재하였을 때보다도 훨씬 더 큰 만족감을 느낀다고 했다. 내 표정이 누군가에게 오랫동안 잊히지 않고 눈 속에 가득 담아 둘 수 있는 선물로 남고 싶어 웃는 기와의 해맑은 표정을 흉내 내 본다.

  오월의 아지랑이처럼 아릿하게 불변의 위로로 남는 것은 환한 웃음이다.

작은 행복

거실에 해오라기 일곱 마리가 두 날개를 활짝 펴고 선풍기 바람에 하늘하늘, 날개를 흔들며 웃고 있다. 시원한 오미자차 한 잔을 마시며 신문을 펼쳐 들고 '참 행복한 시간이구나' 여유를 부려 본다. 내겐 하루 중에 베란다 화원에서 보내는 시간이 가장 행복하다.

아침 햇살이 창을 넘어와 살며시 꽃잎에 앉으면 반짝반짝 빛나는 잎도 있고, 바지런을 떨며 아침 인사를 하는가 하면, 늦잠 자다 들킨 물매화는 배시시 기지개를 켜며 하품을 한다. 생각 없이 멍하니 보고만 있어도 깨끗해지는 나를 발견할 수 있다. 아무것도 생각하고 싶지 않을 때 내 텅 빈 마음 위에 들꽃을 올려놓는다. 더구나 오늘 같은 날은 다섯 달을 애지중지 키워 온 해오라비

난이 한꺼번에 일곱 송이나 피었으니 그 고마움이 어디 비길 데가 없다.

숱한 들꽃 중에서 꽃 모양이 귀하기로도 손꼽히지만 까탈스럽기로도 짝이 없어 여차 물 한 번 잘못 준다거나 행여 민달팽이가 알고 지나가기라도 하면 그대로 녹아 주저앉아 버린다. 연약하기 그지없어 애호가들의 속을 태우는 놈이다. 있는 정성, 없는 기술 모두 동원했더니 올해는 포기마다 실패 없이 꽃을 두 송이씩 달았다.

가히 살인 더위라 할 만큼 밤낮없이 계속되는 찌는 더위에 지쳐 꼼짝 못 하고 무료한 날들이 이어지는 이 여름에 일상의 지루함을 달래 주는 그 가냘픈 몸짓에 짜릿한 행복감에 젖는다.

오랜 기다림 뒤에 느껴보는 이 기쁨! 하기야 어떤 이는 산과 들에 지천으로 널려 있는 것이 들꽃인데 그걸 심어놓고 온갖 정성을 다 쏟아붓는다며 하릴없이 호사스러운 취미라고 살짝 꼬집기도 하지만, 나는 들꽃과의 대화에서 신비와 사랑을 배운다.

나직한 볼륨으로 김경남의 〈친구〉를 들으며 이런 시간에 친구가 우리 집 가까이 살았으면 좋겠다는 절실함을 느껴본다. 이 조촐한 꽃 잔치에 함께 와서

"넌, 꽃 키우는 기술이 대단하구나." 하고 살짝 띄워 줄 수 있는 친구! 아니면 "너무너무 이쁘다. 난 이런 꽃은 처음 보는 꽃이야!" 하고 신기해서 감동할 줄 아는 친구가 가까이 있으면 얼마나 좋

을까. 내일은 꽃 잔치를 한다고 연락을 할까 보다.

나는 여러 가지 꽃 중에서도 아주 작고 가냘픈 꽃을 더 좋아한다. 물매화, 병아리 난, 해 오라비 난, 바람꽃같이 너무 연약해서 키우기 어렵긴 해도 내가 퍼다 부은 사랑에 손색없이 보답할 줄 아는 꽃들이다. 하루를 채 못 넘기고 져 버리는 꽃도 있는데 내가 좋아하는 이 꽃들은 한 달도 넘게 예쁜 모습으로 내게 재롱잔치를 열어 주고 있다. 어쩌면 우리네 일상사에서도 작은 것들로 감동하는 경우가 많지 않을까 싶다. 등산길에 살짝 잡은 손길에서 전해져 오는 따스함이라든가, 배낭 속에 날 주려고 챙겨 온 사과 두 개. 나는 이런 작은 배려에 가슴이 따뜻해지고, 오래도록 이 소박한 사랑을 소중히 간직하고 싶다.

누가 나를 기억해 주고 있다는 것! 혼자가 아니라는 따뜻함을 느끼도록 하는 마음 씀씀이는 큰 위로가 된다. 퇴근길에 걸어주는 아들의 전화 한 통에서 편히 잠자리에 들 수 있고, 오늘처럼 작은 꽃 잔치로도 잔잔한 행복감에 젖는다.

세월의 흔적에 이끼 낀 바위처럼 군 때가 덕지덕지 묻어 미련하리 만치 빛바랜 내 영혼에 아주 작은 떨림으로 다가와 혼을 일깨워 주는 여린 꽃잎의 날갯짓! 내가 사랑한 것 이상으로 되돌려 준다. 흙냄새가 묻어나는 들꽃의 향기에 취해, 나는 다시 또 들꽃의 씨앗을 뿌릴 준비를 한다.

마음의 문

  식탁이 춤을 춘다. 얼마만 인가. 덩달아 나도 흥얼거린다.
  친구가 시골 농장에서 수확한 푸성귀를 주었다. 농약도 금비도 주지 않고 키운 것을 정성까지 듬뿍 담아서 푸짐하게 가져온 것이다.
  시장에 가면 몇 푼 들이지 않아도 사 먹을 수 있는 일이지만 나는 값으로 따질 수 없는 가치와 친구의 따뜻한 정을 받은 셈이다. 정은 시장에서 살 수 없기에 그러하다. 그 정성을 덤으로 먹게 되니 참 고맙고 행복하다. 난 무엇으로 내가 느낀 행복감과 고마움을 전해 줄 수 있을까 떠올리면서 싱싱한 상추랑 쑥갓, 풋고추를 흐르는 물에 깨끗이 씻었다. 예쁜 소쿠리에 소담스럽게 놓인 푸성귀를 보니 마음이 더더욱 따뜻하다. 쌈으로, 겉절이로 식탁과 마음 밭에 작지만 풍성한 사랑이 자리 잡게 된 것이다.

어느 날 텔레비전에서 본 어촌의 모습이 문득 떠올랐다. 작은 배 한 척으로 고기잡이를 하며 소박하게 살아가는 부부의 삶이 생중계된 장면이었다. 인터뷰 중에 남편은 냉장고가 보급되면서 어촌의 후한 인심이 사라져 버렸다고 말했다. 냉장고가 없을 때는 고깃배가 들어오면 상품 가치가 떨어지는 고기는 이웃들과 나누어 먹으며, 작지만 인정도 도란도란 쌓여 갔다고 했다. 냉장고가 부엌을 차지하고 장시간 갈무리가 수월해지면서 삶은 편리해졌지만, 정을 나누던 모습은 사라졌다는 것이다.

편리함이라는 현대적 산물이 우리의 마음을 보이지 않게 얼리고 있어도 우리는 좀처럼 알아차리지 못하고 편함에 길들어 살아가고 있다.

사람과 사람 사이의 정은 서로 부대끼는 관계 속에서 이루어지는 것이리라. 팔지 못할 생선 꾸러미가 이웃에게 전해지면서 굽고 끓여지는 동안 가슴까지 그 열기로 서로를 데워지게 했을 것이다. 따끈한 찌개 사발이 토담을 넘으면서 가슴도 데워 주었다. 그 살갑던 인정마저 냉동고에 들어가 냉각됨으로써 사람 사는 냄새를 잃어가고 있는 것은 아닌가 스스로에게 물어보게 된다.

아마존 숲속 '마이시' 강변에 사는 '피다한' 족은 음식을 저장하지 않고 오늘 하루 이상의 시간에 대한 계획을 세우지 않으며, 먼 미래나, 과거의 일은 이야기하지 않는다는 그들의 생활신조를 지니고 있다. 언뜻 보면 공감되지 않는 부분도 있지만 그들의 삶에 대한 만족도는 우리가 셈하기 힘들 정도로 높다고 한다.

물질은 인간을 편리하게 할 뿐, 행복하게 하지는 못한다고들 입버릇처럼 말을 한다. 하지만 우리는 그 반대의 삶에 치중해서 살아가고 있다. 괜한 서글픔이 밀려와 하루라도 '피다한' 족 흉내를 내보기로 했다. 오늘 다 먹지 못할 푸성귀를 이웃에게 조금씩 나눠 주기로 한 것이다.

아파트 문화는 같은 층에 살아도 만나기 힘들 정도로 저마다 문을 꼭꼭 잠그고 살아간다. 지그시 열어두었던 사립문 대신 전자식 문으로 걸어 잠근다. 어쩌다 마주쳐도 덤덤한 얼굴로 자기를 굳게 걸어 잠그고 있다는 느낌을 받을 때조차 있다.

냉장고처럼 싸한 기분이 드는 이웃에게 짤막한 사연을 적은 쪽지와 함께 푸성귀를 담은 비닐봉지를 문고리에 달아 두었다. 이게 웬일일까. 하루라도 피다한족처럼 살고자 작은 마음을 낸 것뿐인데, 뜻하지 않게 정성에 대한 답례들이 돌아왔다. 정도 오고 웃음도 함께 왔다. 작은 애호박 한 개, 상추 몇 잎, 풋고추 한 움큼이 꽁꽁 닫아 둔 아파트 문을 열고 마음의 문을 열게 한 것이다. 마음의 문은 머리가 아니라 행동하는 손과 작은 가슴으로만이 열 수 있다는 깨달음을 얻었다. 삶의 여유를 잊고 기계처럼 살아가는 우리 모두 어쩌면 살가운 정에 목말라 있는 것은 아닐까 하는 생각도 들었다. 오고 가는 작은 정성으로 내 마음마저 깃털처럼 가벼워진 것만 같았다. 무릇 모든 문은 열어두어야 드나들 수 있을 테다.

'세 닢 주고 집 사고, 천 냥 주고 이웃 산다'고 했던가. 이웃이 가까워지면 사촌이 될 수도 있으리라.

자연에서 얻은 푸성귀가 싱싱한 영양소뿐만 아니라 인간관계에서도 상큼한 비타민 역할을 해준 것만 같아 감사하기 그지없다. 삶의 가르침을 소박한 상춧잎에서 배운다.

친구의 푸성귀 바구니가 속 깊은 울림으로 다가와 나도 비타민처럼 살라고 재촉한다. 심연의 문을 활짝 열어놓고 나도 누군가에게 따스한 햇볕 한 줌 나누어 보리라 마음먹어 본다.

첫 집

"우리 집 샀다."

기쁨의 감격을 주체할 길이 없어 학교 운동장으로 뛰쳐나갔다. 텅 빈 운동장을 정신없이 달리면서 크게 소리쳤다. "우리가 집을 샀어요." 하고. 가슴이 터질 것 같은 그 충만함은 지금도 생생한 기억으로 남아 있다. 겨우 땅을 다듬고 주춧돌을 놓고 있는 '오곡' 한옥을 계약하고 뿌듯하고 좋아서 밖으로 뛰쳐나가 운동장을 돌면서 큰 소리로 외쳤다.

1965년, 결혼하고, 남편을 따라 경북 봉화군 춘양에서 신접살림을 차렸다. 월 500원짜리 방 두 칸 사글셋방에서 내 삶의 첫걸음이 시작되었다. 큰 방은 부엌이 붙었지만, 작은방은 아궁이도 없는, 주인집 방과 연결되어 있어서 겨울이면 거의 냉방이나 다

름없었다. 그 방에 어머님이 주무시니 따뜻한 방에서 자는 우리도 마음이 편치 않았다. 방을 바꾸자는 말씀을 드렸지만, 홑몸도 아닌 며느리 건강이 걱정되어 거절하시던 어머님을 떠올리면 지금도 눈시울이 젖는다. 춘양의 추위는 대단했다. 아랫목은 뜨거워도 윗목의 걸레가 꽁꽁 얼 정도였으니 '가난'이라는 두 글자가 뼛속까지 파고들었다.

한푼 두푼 곗돈을 부어가며 오 년 동안 알뜰하게 모은 돈 육십오만 원을 쥐고 1970년 안동으로 자리를 옮겼다. 종잣돈을 디딤돌로 밟고 일어서야겠다는 옹골찬 다짐으로 덜컥 일을 저질렀다. 집값은 백만 원을 훌쩍 넘었다. 턱없이 부족한데 어림없는 소리라고 극구 말리는 남편을 설득하느라 한바탕 설전이 오가기도 했다. 태산 같은 걱정으로 몇 밤을 뒤척였다.

궁리 끝에 친정으로 내달렸다. 기쁜 소식도 전할 겸, 손을 벌려 볼 요량으로 고등어 한 손을 사서 들고 저녁차를 탔다. 자초지종 사정을 듣고 계시던 아버지께서 흡족한 미소를 지으시며, 조금의 망설임도 없이 소를 팔아서 준다고 하셨다. 울컥 목이 메었다. 다음날 손사래를 치고 돌아왔다. 소를 팔면 농사일을 어떻게 할까 걱정이 되었기 때문이다.

다시 생각 끝에 대구에 사는 언니한테 갔다. 언니는 넉넉한 집으로 시집을 갔으니 형편이 좋으려니 믿었다. 그런데 언니는 돈이 아니고 패물 주머니를 내놓으면서 팔아서 쓰고 다음에 형편이 되면 해 줘도 된다고 했다. 차마 손을 내밀 수 없었다.

며칠 뒤에 언니한테서 연락이 왔다. 대구에는 계를 해서 목돈을 마련하는 사람들이 많다면서 계를 들어 준다고 했다. 첫 번을 타려면 끝번을 하나 더 들어야 한단다. 힘에 겨웠지만 어쩔 도리가 없어 열여섯 달을 허리띠를 졸라매야 했다. 첫 번을 타서 부족했던 잔금을 지급하고, 그러는 사이 집도 완공되어 걱정을 덜었다.

초라한 살림 보따리를 싣고 새집으로 옮겼다. 대문 문설주에 문패를 달았다. 부자가 된 것 같은 행복감에 온몸이 하늘을 날 것 같았다. 들며 나며 쳐다만 봐도 흐뭇한 미소가 입가에 번졌다.

이사한 지 달포 뒤에 아버님의 기일이 돌아왔다. 정성을 다해 제수를 마련하고, 아버님께 자랑하고 싶었다. 하지만 생선 한 토막을 올릴 여유가 없었다. 봉급 봉투는 곗돈을 부치고 나면 한 달 식비도 모자랄 형편이니 어쩌면 좋으랴. 몇 날 며칠을 앓으며 떠오른 생각은 '집 등기 권리증'이었다. 아버님도 얼마나 기뻐하실까 싶어 정성스럽게 지은 뫼와 탕에 삼 채를 준비하고 상 가운데 떡하니 '등기 권리증'을 올렸다. 어떤 진수성찬보다 더 기뻐해 주실 것 같은 아버님의 환한 얼굴이 떠올랐다.

"아룁니다. 아들 ○○는 아버님 신위 앞에 삼가 고합니다. 아버님 돌아가신 날을 다시 맞으니 돌이켜 그리는 마음 비길 데 없습니다. 엎드려 말씀드립니다. 올 ○월 ○일에 새집으로 이사를 했습니다. 제 이름이 명시된 집을 가졌습니다. 집 마련으로 형편이 여의치 않아 간소하게 맑은 술과 간략한 제수를 차렸습니다. 정성을 다해 제향하니 흠향하시옵소서. 처음 마련한 이 자리가 가화만사성의 행운이 늘 함께할 수 있도록 통촉하시옵소서. 이제는 언제든 오셔서 저희와 함께 계셔 주십시오."

어머님은 지방 틀을 가슴에 품고 서러운 눈물을 쏟으셨다. 응어리진 말들이 굽이굽이 차오르시는가 보다.

"영감! 나는 손자, 손녀도 보고 이제 좋은 집에서 편하게 산다우. 무엇이 급해서 그리 서둘러 가셨수? 그렇게 갖고 싶었던 집문서도 못 만져 보고."

그날 밤 나는 깊은 잠을 청할 수 있었다. 힘든 시간 들도 흘러 끝번에 탄 돈으로 가구도 장만하고, 커튼도 달았다. 집들이도 조촐하나마 뒤늦게 하고, 이웃에 팥시루떡도 돌렸다. 그 뒤로 여러 번의 이사를 했다. 주소는 내 삶이 기록된 역사다. 셋방살이는 아련한 기억으로 남아 있다. 어쩌면 셋방살이의 어려움이 내 삶을 바로 세운 것 같기도 하다.

'첫 집'은 깊고 아늑한 품속에 깃을 들이고 사랑의 보금자리를 틀어 놓았다. 담장을 타고 오르는 장미들이 그 무르익은 향기로 오월의 편지를 배달하고, 한여름 더위에도 대나무 발 사이로 시원한 바람을 불러왔다. 해도 짧은 늦은 가을날 마루 깊숙이 햇살을 불러들여 온기를 담아 두고, 매서운 바람이 등을 밀고 들어오면 찬 눈보라 속에서도 온몸으로 우리를 감싸 주었다. 늘 문은 열려있어 이웃과의 정담이 들락거렸다.

'첫 집'은 힘들었던 셋방살이 시절의 이야깃거리들을 그리움으로 소복소복 담아두고 있다. 그곳을 떠올리면 솥전에 올려서 녹이던 행주며, 청솔가지 불쏘시개의 메케한 연기도 고운 추억으로 다가온다. 골목길을 둥둥 떠다니던 아이들의 재잘거림이 귓전을 두드린다. 방문이 열리며 다정한 음성과 함께 어머님이 환하게 웃으신다.

"어서 오너라."

반전

 윷가락 네 개가 곡예를 한다. 뭇 이목과 응원의 박수에 힘입어 허공에 포물선을 그리다가 바닥에 널브러지면 관중의 희비는 극명하게 갈린다. 윷가락이 떨어지는 모양은 확률이건만 그때마다 필요한 '도'를 부르다가 '걸'도 부른다. 목이 아프도록 간절하게 불러도 엉뚱한 모양새로 내려앉으면 한쪽은 낭패감으로, 다른 쪽은 의기양양하며 만면에 웃음이 가득하다.
 판이 한창 무르익자 놀이는 저절로 신명이 오른다. 윷가락 네 개는 팍팍한 삶에서 우울감을 떨치게 하는 마력이라도 지닌 듯하다. 혼연일체를 웅변하지 않아도 누가 말릴 수도 없이 단합은 저절로 극에 다다른다. 이쪽저쪽에서 터져 나오는 함성은 풀죽은 삶에 추임새를 더한다.

윷판에서 말을 놓는 사람의 판단은 승패를 결정짓는다. 상대편 말의 행로에서 매복하거나 추격하여 상대를 잡거나 덤으로 업고 갈 '임신'도 전략적으로 구상해야 한다. 또한 '퐁당'이라는 웅덩이를 피해 익사 위험을 피해야 할 책략도 생각하고, 무엇보다 빨리 목적지에 이르는 지름길도 잘 골라야 한다. 눈앞의 유불리보다 몇 수 앞을 내다볼 줄 알아야 하는 고도의 전략을 구사해야 하기 때문이다. 하지만 윷말을 제아무리 잘 쓴다 해도 전세는 상대적이기 때문에 맞은편의 장타에는 속수무책일 때가 많다. 침체된 상대편이 연신 큰 사리를 내어서 단숨에 아군을 추월해 판세를 뒤집는 경우가 허다하니 말이다. 그야말로 예측 불가한 판이 벌어지는 것이 윷놀이이기에 남다른 흥이 더해지는 것이리라.

웃음과 함성이 가득한 윷놀이 속에서 말판을 바라본다. 엎치락뒤치락 펼쳐지는 윷판이 꼭 우리네 삶과 같다는 생각이 들기 때문이다. 아무리 계획을 하고 준비를 해도 내 뜻대로만 되지 않는 것이 인생이지 않던가. 탄탄대로를 걷다가 갑작스러운 고난에 삐걱하고 넘어지기도 하고, 너무 힘들어서 주저앉고 싶었던 순간에 뒷도로 '날 밭'에 가듯 행운을 잡을 수도 있다. 그런가 하면 요행을 기대하며 잉태를 하겠다고 기다려도 행운을 잡지 못하고 빗나가는 경우도 생긴다. 그야말로 예측 불가능한 순간의 연속인 윷판은 인생 판의 축소본이라고 해도 과언이 아닐 것이다.

되돌아보면 내 인생 판에도 윷판 같은 순간들이 있었다. 수십 년 전 은행 예금보다 계를 해서 목돈을 마련하는 것이 유행일 시절이었다. 주위의 권유로 낙찰계에 들었던 적이 있다. 한 달이 지나갈 때마다 넣어야 하는 곗돈이 줄어드는 재미가 쏠쏠했는데 얼마 지나지 못해 그만 사달이 나고 말았다. 먼저 타간 회원이 어디론가 잠적해 버린 것이다. 계는 깨지고 넣은 돈은 한 푼도 돌려받지 못했다. 갓 결혼하고 세상 물정에 아둔했던 내게 그것은 너무 가혹한 일이었다. 상처로 인해 한동안 심한 가슴앓이를 해야만 했다.

그렇다고 삶이 내리막길만 있는 것은 아니었다. 용을 쓰며 겨우 마련한 오곡 한옥이 삼 년 만에 값이 세 배로 껑충 뛰는 횡재가 찾아왔기 때문이다. 마치 윷판에서 두세 필의 말을 업고 목적지에 다다랐을 때처럼 날아갈 것 같은 기분이었다. 팍팍한 애옥살이에 숨통을 틔우듯이 윷놀이에도 패색과 좌절 뒤에는 '뒷도'며 '임신'이 존재한다. 꼭 고통 뒤에 찾아오는 삶의 희망처럼 희비의 순간은 예상하지 않게 도래하곤 했다.

한참 모퉁이를 돌아가고 있는 윷말이 다시 도드라져 보인다. 상대편의 두 번째 말이 이미 종착점에 다다라 있다. 네 개의 말 필로 상대편과 함께 시작한 윷판이 나의 인생 판이라면 나는 이제 몇 번째 윷말로 내 인생의 어느 지점을 지나고 있는 것일까. 나이로만 셈하자면 세 번째나 네 번째 윷말이 벌써 출발했음직한 연배이다. 사람들은 저마다의 인생 판을 걸어갈 뿐인데, 나다움의 길을 걷지 못하고 허둥거리며 타인의 삶과 자주 비교를 하며 지내온 듯도 하다. 목표에 빠르게 도착할 수 있는 길에 들어섰다가 예기치 못한 복병으로 허둥지둥 도망치던 부끄러운 모습들도 떠오른다. 속도에 연연하지 말고 차라리 먼 길로 돌아가는 것이 더 지름길인 것을 깨달은 것은 연륜이 더해진 뒤였다.

남녀로 나뉜 판세가 더욱 가속도를 붙이고 있다. 여자팀은 석동을 끝내고 마지막 말이 '날 윷'에 있다. 패색이 짙은 남자팀 말은 도에 두 동을 묶어두고 모험을 걸어 이판사판으로 나온다. 여덟 살짜리 막냇손자가 던질 차례다. 남자 편이 졌다는 낭패감에 막내는 억울한 기색이 역력하여 금방이라도 울음보를 터뜨릴 것만 같다. 그렁그렁 눈물방울을 달고 잔뜩 일그러진 표정을 지으며 윷가락을 바닥에 패대기쳤다. 검정말이 넙죽 엎드린다. 순간 남자들의 환호가 폭발한다. 여자들은 아무 소용없는 모라고, 대수롭지 않다는 반응이다. 손자는 싱긋 웃으며 다시 한번 더 던지자 뒷도가 나왔다. 이게 무슨 조화인가. 졌다고 포기했던 남자 편이 단숨에 굿바이 홈런을 날린 것이다. 방안은 온통 남자팀은 흥분의 도가니가 되었고 여자들은 제풀에 넋을 잃고 말았다. 낙관과 속단이 얼마나 허망한지 할 말을 잊는다.

설날 저녁의 윷놀이는 점차 무르익어 가고 가족들의 흥은 고조되어 화합은 절정에 이르고 있다. 내 생각도 점점 깊어져만 간다. 나는 지금 인생 판의 어디로 향하고 있는 것일까. 네 개의 윷가락조차 마음대로 되지 않는 것이 윷판인데, 하물며 긴 인생 여정에서 무리하게 너무 많은 것들을 욕심내었던 것은 아닌가, 반문해 본다. 다시 뒤돌아 갈 수는 없겠지만 또다시 인생 판을 수놓을 기회가 생긴다면 지금보다는 더욱 겸허하고 여유로운 마음으로 그 행로들을 밟아갈 수 있을 것만 같다.

  회한 가득한 마음으로 윷판을 바라보니 아직 모든 것이 갈무리 지어지지 않았기에 안도감도 든다. 윷판도, 내 삶의 판도 끝난 것이 아니기 때문이다. 삶 또한 예측 불가능한 것이기에 살아볼 만하지 않은가. 윷놀이처럼 반전을 기대하며 살아야겠다는 다짐으로 다시 힘을 낸다.

무언 설법

숨결 사이로 댓잎 내음이 훅 끼친다. 온통 초록의 기운으로 가득 차 있다. 누군가 정성스레 일구고 가꾼 꽃밭, 숲, 정원에 초대받았다. 보이지 않는 곳으로부터 흘려들던 그 아련한 숲의 들머리에 들어선다. 하늘을 찌를 듯이 쭉쭉 뻗은 대나무가 무성한 숲을 이뤘다. 맑은 공기와 향긋한 풀냄새, 싱그러운 초록빛을 마음껏 끌어안는다. 가슴을 활짝 열고 짙푸른 숲 기운을 욕심껏 채워 넣는다. 바람의 장단에 몸을 떠는 대나무처럼 내 발걸음도 한껏 들떠있다. 나무들이 빚어낸 신선한 향기가 온몸을 감싼다.

한때 개발의 논리에 밀려 영원히 사라질 위기에 처했던 십리대숲과 태화들! 여의도 공원의 두세 배에 달하는 '태화강 지방 정원'은 울산의 숨결이자 시민의 생명 터로 재탄생되었다. 태화강이 생명의 강으로 되살아난 것을 두고 기적이라고 말한다. 그러나 그것은 발상의 전환, 각고의 노력으로 얻은 결실이라고 말하고 싶다. 죽음의 강에서 생명의 강으로 다시 태어난 태화강은 도시 속의 생태관광지로 유일하게 선정되었다. 여름에는 만여 마리의 백로가 둥지를 틀고, 겨울이면 떼까마귀 수만여 마리가 펼치는 화려한 군무는 태화강에서만 볼 수 있는 경관이다. 울산 12경의 하나로 지정된 '태화강 십 리 대밭'은 대숲으로 전국에서 유일한 '천연기념물'이다.

연인과 걷고 싶은 길 중의 하나로 울산 '태화강 십 리 대숲' 길이 뽑힌 적이 있다. 공업 도시의 끔찍한 검은 연기를 떠 올리게 되는 이곳이, 대숲 그림자가 어린 강변을 걸으며 경탄하고 있다. 댓잎에 스치는 바람 소리는 다르다. 사그락사그락 무어라 형언할 수 없는 댓잎과 바람의 대화를 엿들으며 풀 수 없는 범어라 해도 마음은 기쁨에 다다른다. 햇빛조차 비집고 들어오기 어려운 대숲은 가도 가도 끝이 없다.

숲은 언제나 어머니의 가슴이다. 차마 감당할 수 없는 큰 상처를 안고 찾아와도 싫은 내색 없이 곁을 내어준다. 울분을 토해내며 버럭버럭 고함을 질러도 메아리라는 울림으로 화답한다. 한 줄기 바람이 불어온다. 잎끼리 비벼대면 히히히 웃음이 묻어난다. 숲은 바람과 서로, 잘 어울린다. '저 모퉁이를 돌아서면 이 막막함도, 이 무거움도 다 벗어질 거야. 저 굽은 길을 돌아서면 따스한 햇볕과 오붓한 꽃길이 기다리고 있을 거야.' 부드러운 바람이 일러 준다.

　이름도 알 수 없는 텃새의 재잘거림이 들린다. 숲속의 청량한 기운과 풀들이 내뿜는 자연의 향기는 얽히고설킨 시름도, 잡생각도 내려놓게 한다. 가슴에 난 칼날 같은 생채기도 아물게 하는, 사람을 낙관적으로 만드는 힘을 지녔나 보다. 나지막이 흐르는 음악도 분위기를 한껏 살려준다.

　더위를 흠뻑 뒤집어쓴 대나무! 무엇하나 치장하지 않았음에도 푸르름으로 빛이 난다. 속을 비운 채 하늘을 향해 당당하다. 저 큰 키를 바로 세워주는 것이 마디였으니, 내 삶을 바로 세워주는 것도 마디였겠다 싶다. 마디가 있어야 바로 설 수 있음을 대나무로부터 배운다. 삶의 마디란 시련을 딛고 선 흉터가 아닐까. 나무도 사람도 시간의 굴곡을 견딘 후에 보여주는 마디가 더 빛난다. 그것은 아마도 속을 비운 채 욕심 없이 꿈을 먹고 살기 때문이리라. 내 일상도 마음을 비우면 옆 사람의 인생을 곁눈질하지 않고 저리 당당할 수 있으려나. 저 청청한 풍경을 내 삶 위에 올려놓아 본다. 대나무처럼 욕심도 비우고, 세월도 내려놓고 고즈넉한 숲길을 걷는다. 숲은 내 안의 아린 통증까지도 조곤조곤 다독여 준다. 간단없이 재잘대는 새소리를 들으며 한 생각 내려놓고 나니 가슴 속 응어리가 스르르 녹아 나간다.

　잠시 눈을 감고 숨을 내쉰다. 수많은 상념이 지나간 뒤 '감은 눈 사이'로 이슬이 맺힌다. 목울대 너머로 침을 꿀꺽 삼킨다. 비둘기 한 마리가 대숲 저편으로 날아간다. 헛헛한 세월이 무언가 출출하다.

가끔 지칠 때면 '유토피아로의 탈출'을 꿈꿔 왔다. 이상향 바라기가 되어 가당찮은 상상을 해보기도 했다. '낙원'이란 오로지 신비롭고, 영원한 행복을 누릴 수 있는, 인간 감성을 초월한 신의 영역 안에 존재하는 곳이었다. 현실 세계에서는 어디에서도 찾을 수 없는 주소지였다. 닿을 수 없는 저 너머의 세상! 빈약한 상상 속에만 미루어두었던 곳이다.

댓잎이 밀어서 만들어 낸 바람의 입자가 내 귓불을 스친다. 그 순수한 숨결은 감히 희열을 느끼게 하는 행복감으로 출렁인다. 그것은 낙원에서 들려오는 하모니가 아닐까 싶다. 낙원의 주소는 내 마음속에 있음을 태화강 십 리 대나무 숲에서 얻어 간다.

자연의 소리! 그 무언의 설법을 듣는다.

만만다행

느티나무 이파리 하나가 빙그르르 휘돌며 길바닥으로 내려앉는다. 호젓한 길가에 풀 마르는 냄새가 난다. 마른풀 내음에도 긴 이야기가 녹아 있을까. 길에서 벌어지는 하찮은 일일지라도 그들은 알고 있겠지. 해가 뜨고, 달이 지는 똑같아 보이는 일상에도 삶은 쉼 없이 또 다른 퍼즐을 던지는 것 같다.

"시속 100km로 달리는 차 안에 당신이 안 탄 것이 얼마나 고맙게 생각했는지 몰라요." 이른 아침, 병원에서 날아 온 친구의 문자 메시지다. 화들짝 놀라 곧바로 전화를 걸었다. 무슨 일이냐고.

그 친구 부부와 우리 부부는 서로 많이 닮았다. 이른 아침이나 늦은 밤을 가리지 않고 햇살 고운 날이라고, 좀 무료하다고 여행을 떠나자는 둥, 시시콜콜한 얘기도 허물없이 나누는 사이다. 누가 먼저랄 것도 없이 전화기를 든다. 바람 쐬러 가자고 하면 기다렸다는 듯이 망설임 없이 선뜻 따라나선다. 해인사 소리길, 경주 남산, 팔공산 수태골 등 풍광 좋고 걷기 수월한 곳이면 당일치기나 2박 3일 여정을 가리지 않고 낭만을 안고 쏘다녔다. 꼬리가 길면 밟힌다는 말에 언뜻 감전된 듯 찌릿해 온다. 몸에 그만 사달이 났다. 무릎에 이상 신호가 왔다. 발 디디기가 불편했다. 연골이 닳았단다. 육신을 의지대로 움직일 수 없음을 직감하자 낙담이 순식간에 전신을 짓누른다. 삶이 낡았다는 생각이 들자 남아 있는 생이 무겁다는 우울함이 밀려왔다. 뼈에 스민 바람 소리가 새어 나오는 것 같다.

그저께 아침에는 팔공산 하늘정원에 가자고 했다. 나는 자신이 없어 두 분이 다녀오시라고 가까스로 사양한 것이 처음이다. 그러고 나니 괜히 짜증이 났다. '어떻게 내게?' 무릎 관리에 소홀했다는 자책에서부터, 잘못되면 인공관절을 넣어야 한다는 의사의 우려가 머릿속에서 혼란스럽게 회오리친다.

그런데 내가 친구를 따라나서지 않은 것이 화를 면할 수 있었다니 웬일인가? 친구네 차가 내리막길에서 브레이크가 듣지 않아 큰 사고가 났다는 것이다. 차는 가드레일을 들이박고 멈춰 섰지만 크게 망가졌고, 그네는 다치기는 했으나 생명에는 지장이 없다고 하며, 우리 부부가 타지 않아서 참 다행이란다.

아파서 따라나서지 못한 것이 감사할 일이라니? 무릎이 성했으면 함께 했을 것이고, 동행했다면 무슨 변을 당했을지 아찔하다. '아파서 다행이었구나' 생각하니 참 묘한 기분이 든다.

그 친구와 나는 각별한 인연을 공유하고 있다. 결혼일이 같은 해, 같은 날이다. 오랜 기간 붙어 다니면서도 몰랐다가 작년 결혼기념일에 우연히 알게 되었다. 허물없이 함께한 날을 헤아려보니 강산이 네 번이나 바뀌었다. 신뢰로 엮어온 두터운 시간이다. 긴 만남만큼 우정도 깊어졌나 보다.

넋두리를 받아줄 친구는 더러 있어도, 자랑질은 조심스러운 게 인지상정이다. 서슴없이 내 안의 모든 감정까지 털어놓을 수 있는 사람은 드물다. 내 자랑이나, 치부를 다 드러내어도 받아주는 푸근한 마음을 가진 사람이다. 내가 아파하고 힘들 때, 내밀한 사연들을 털어놓아도 귀담아들어 주고 내 눈물의 의미를 알아주는 사람이다. 자식 자랑은 칠푼이라 하지 않던가. 내가 수하 자랑을 해도 자기 일처럼 얼싸안아주는 사람이다.

살다 보면 누구나 비바람도 만나고, 홍수에 표류하기도 한다. 더 큰 위험에 직면했을 때 '삶이 내 의지대로 되는 것이 아니구나' 하는 깨달음이 문득문득 들 때가 있다. 한 치 앞일도 예측할 수 없는 삶을 너무 한가하게 살고 있구나 싶다. 무릎이 조금 불편했던 것이 화를 피할 수 있었으니 만만다행萬萬多幸이 다시 없구나 싶다. '아파서 감사합니다', '아파도 감사합니다' 무릎 고장이 액

땜이었으니 무릎이 아픈 것쯤은 참을 수 있겠구나, 조금 느긋해진다. 함께했더라면 친구가 감당해야 할 마음의 짐을 생각하면 더없이 감사하다. 세상 나쁜 일에도 선의의 뜻이 담겨있었구나!

  살아 보니 삶은 사소하고 보잘것없어 보이는 것이 행운의 씨앗을 품고 있다는 생각이 든다. 탈 없이 하루하루를 맞고 보내는 소소한 일상이 행복의 씨앗이고, 삶의 에너지라는 것을. 시답잖고 진부하던 일상도 지나놓고 보면 더없이 소중했음을 뒤늦게 깨우친다.

  범사에 감사해야 한다는 말이 예사롭지 않음을 절실히 느끼는 요즘이다. 하찮은 일상들이 만들어가는 삶의 퍼즐이 풀리면서 만들어낸 수수한 무늬가 행복 그 자체가 아닐까 싶다.

  '어떻게 내게'가 아니라 '나에게도 이런 행운이' 상처받지 않는 것이 아니라 상처의 시간을 다독여 잘 보내는 것이다. 행복은 가까운 거리에 널려 있음을 본다. 통증과 불면이 필수품인 것처럼 견뎌온 사람들은 깨닫는다. 당연한 것들이 행복이고 기적이었던 것을.

  오늘도 느티나무 잎사귀 옆으로 노란 은행잎이 굴러가서 또 다른 무늬를 만든다. 시선이 닿는 곳이 곧 마음이 닿는 자리다. 그곳에 한참 머문다. 행복은 낙엽이 그려내는 길바닥의 무늬에 새겨져 있음을 발견한다. 행복한 사람은 별일 아닌 일에 감사하고, 감동하며 즐거워하는 사람이다. 삶의 소실점消失點이 어렴풋하니 하루하루가 절실히 감사하다.

　보글보글 찻물이 끓는다. 덧없고 따분한 일상이 행복의 근원이라고 자위하며 따뜻한 차 한 잔이면 극락정토가 따로 있을까 싶다.

4부
승화의 날개

"슬픔을 딛고 일어서려는 의지의 감정이 함께하려는 순간, 어떤 힘도 보탤 수 없는 것처럼 보이는 노래 한 곡이 승화의 날개를 달고 힘없는 어깨를 토닥여 준다. 기댈 곳 없는 이 시점에서 짧은 노래 한 곡은 예술의 경계를 뛰어넘어 마술처럼 위로의 등불이 된다."

그 향기

 마음이 바쁘다. 한 달에 한 번 만나는 글쓰기 모임에 참석하기 위해 서둘러 집을 나선다. 현관문을 닫고, 엘리베이터를 내려 로비 출입문을 여는 순간 깊이 숨을 들이마신다. 향기가 온몸을 감돌아든다. 내 몸에서도 향내가 풍겨날 것 같은 착각마저 든다.
 어디서 오시는가. 넓은 정원이 향기로 가득하다. 설레는 가슴을 열고 연신 코를 벌름거리며 급한 마음과는 달리 눈은 냄새의 정점을 찾고 있다. 그곳은 푸른 잎 속에 숨어있는 금목서의 작은 꽃다발에서 뿜어내는 몸짓이다. 노란 얼굴로 환하게 웃고 있다. 절정이 뱉어놓은 향기에 멧새 한 마리가 내려앉는다.
 꽃은 향기로 말한다. 꽃 향의 매력은 퍼짐에 있다. 향긋한 꽃냄새는 바람에 실려 퍼져나간다. 기분 좋은 냄새에 끌려 어정거리다가 더 바빠졌다. 허둥지둥 지하도를 걸으면서 사람에게도 향이 있다는 생각이 든다. 사람에게서 느껴지는 고유한 체취는 몸에서 나오는 냄새가 아니라, 마음의 냄새일 것이다. 그가 가진 정신적인 체취이다. 어떤 사람의 체취는 유쾌한 향기로 전해오지만, 때로는 향기롭지 못할 경우도 있다. 그것은 내면이 아름다운 향을 만들 수 없기 때문일 것이다. 오늘 사람의 향기를 만나러 가는 발걸음이 더없이 가볍다.

사실 나는 글쓰기 모임에 꼬박꼬박 참석은 하지만 글을 쓰기 위함보다는 선생님이 좋아서 몇 년째 빠짐없이 참석한다. 글을 어떻게 써야 한다는 구체적인 것은 말씀해 주지 않는다. 다만 좋은 글들을 소개해 주는 것으로 에둘러 가르침을 대신하는 경우가 더 많다. 좋은 글을 많이 읽는다는 것은 문학적 소양의 자산뿐 아니라 정신적 자산으로, 세상을 바라보고 지혜롭게 살아가는 방법을 터득하게 되는 길이라고. 자기 이야기가 문학적 실체가 될 수 있는 길은 미적 창조 과정을 거쳐야 함을 강조한다.

지식이나 기교가 아닌, 삶을 관조의 눈으로 보고 깊은 사유로 걸러낸 담백한 맛이어야 한다고. 삶을 어떻게 살아야 하는가를 당신이 본보기로 가르쳐 주는 분이다. 오늘도 힘에 겨울 만큼 무거운 책 보따리를 들고 강의실로 들어서신다. 전국 각지에서 선생님께 배달되는 다양한 문학지를 올 때마다 가져와서 회원들에게 나누어 준다. 회원이라야 열 손가락도 채우지 못하는 작은 모임이지만 선생님의 열정은 한결같다.

　향기는 풍기기만 한다. 그냥 보내기만 하고 전하기만 한다. 참으로 아름다운 속성을 지녔다. 향기처럼 채우기보다 비워내는 즐거움으로 사는 분이다. 연로하시어 건강에도 노란 경고등이 켜져 있지만, 멈출 줄 모르고 퍼 올리는 문학적 활동은 존경 그 자체이다. 너 나 할 것 없이 준비되지 못한, 턱도 없이 기대에 미치지 못하는 회원들을 한 삽 두 삽 글 밭을 가꿀 수 있도록 이끌어 주고 있다. 그 막연한 것 같았던 힘은 시간이 흐르면서 글쓰기가 자신이나 타인에게 무엇을 하고 있는지를 일깨워 주었다. 나를 용서하고 사랑하는 것, 마침내 앞으로 나아가게 한다는 것을. 글쓰기는 치유의 힘을 가졌다는 것을 스스로 터득하도록 이끌어 주었다.

　장점만 발견하는 따뜻한 눈은 항상 가능성이란 믿음으로 격려해 준다. 상대방의 좋은 점만 보는 희한한 마음의 눈을 가졌다. 하느님의 은총이라도 받으셨나 보다. 선생님의 작품세계는 사랑으로 가득하다. 한 달에 한 번의 만남이긴 하지만 이 모임을 통해 나는 목마름을 해소하고, 훌륭한 삶을 만나고 있다.

　꽃향기가 아무리 곱다고 한들 그윽한 사람의 향기에 비길까. 깊이 있는 사람은 묵직한 향기를 남긴다. 그 사람만의 향기, 그것은 인향人香이다. 사람의 결은 향기와 같아서 만 리를 가고도 남는다. 사람이 내는 진솔한 향기는 정점에 다가갈수록 더 은은하게 퍼진다. 고매한 인품은 그리움으로 남는다. 해서 '화향백리花香百里 인향만리人香萬里'라 했던가.

 누군가에게 나도 선생님처럼 향기로 다가갈 수 있게 해달라고, 마음이 사랑으로 가득 차게 해달라고 기도하는 마음을 품는다.

 훈훈한 그 향기는 어떤 경구보다 더 큰 울림으로 내 가슴에 자리한다.

화살

 쉽게 잠들지 못하고 뒤척이고 있다. '괜히 그랬어. 그냥 넘어가 줄걸.' 추위에 견디지 못해 얼어서 죽이 돼버린 '벨로주' 화분을 들고나오면서 뱉어 버린 한마디가 밤잠을 설치게 할 줄이야.
 새 아파트로 이사를 하면서 베란다를 확장하고 나니 꽃들의 겨울나기가 여간 난감한 게 아니다. 적당히 추위를 견디고 겨울잠을 자게 해야 봄이 오면 예쁜 꽃을 달게 되는데 여의치가 않다. 생각 끝에 꽃집에서 빈터를 대여받았다. 알맞게 물도 주고, 전문가의 보살핌을 받으며 잘 자랄 것으로 믿었던 꽃분이 추위에 얼어 버린 모습으로 돌아오리라고는 상상하지 못한 일이다. 미안하다고 한마디만 했더라도, 아니, 미안해하는 표정이라도 지었다면 괜찮다고 넘어갔을 텐데. 그렇다고 내가 뱉어 버리면 어쩌나.

어쩌면 주인은 속으로 미안해하고 있을지도 모르는데 그만 내가 먼저 뭉개 버렸으니….

감정을 잔뜩 실어 팽팽하게 잡아당긴 시위는 화살을 밀어내어 과녁을 맞추듯이 상대방의 정곡을 찌른 후 되돌아와 내 가슴을 아프게 한다. 화살보다 더 무서운 게 말이라고 했는데, 오늘 부주의한 비난의 말 한마디로 밤잠을 설친다. 우리 신체에서 가장 강력한 힘을 가진 부위가 혀라고 했던가.

'수리수리 마하 수리 수 수리 사바하' 입으로 지은 죄를 깨끗이 해 달라고 진언을 드려 본다. 불교에서 입으로 지은 죄를 구업이라 했다. 꽃집 주인에게 가슴 아픈 말을 했으니 단단히 구업을 짓고 만 셈이다. 용서란 상대에게 베푸는 자비심이 아니고 흐트러진 자신을 바로 세우는 일이구나. 생각 없이 쏘아버린 말 한마디로 안절부절 허둥댄다.

가끔 상대방이 쏜 화살에 상처를 받고, 그 상처가 오랫동안 아물지 않아 괴로워했었다. 상처가 깊을 때는 아프다고 말하지 못했던 것을 두고두고 후회한 경험도 있다. 그런데 오늘에서야 깨닫는다. 화살을 쏜 사람은 더 괴로워할 수도 있다는 것을.

접시를 닦으면서 뒷면의 때를 본다. 얼굴은 예쁘게 화장을 하고, 때로는 위장된 웃음도 웃지만 정작 내 뒷모습은 신경 쓰지 않았다.

"꽃집에서 꽃이 얼어 죽다니 말이 되나?" 문턱을 넘어 나오는 내 뒷모습은 어떠했을까? 얼굴이 붉어 온다. 나이테는 늘어 가는데 마음의 평수는 더 옥죄어드는가. 억울함을 참는 게 많이 힘들지만 소중한 일이라고 부모님께서 일러 주실 때는 그냥 귓전으로 스쳐 넘겼나 보다. 인간의 우둔함 탓인지 신은 아픔을 통해서만 진실을 깨닫게 해준다.

같이 꽃집을 드나드는 친구는 당연히 소비자로서 해야 할 말을 했을 뿐이라고 펄쩍 뛰지만 그래도 내 처신은 온당하지 못했다는 후회로 궁싯거린다.

노자는 임종 상황에 이르러 제자들에게 입을 열어 보이며 "내 입안에 무엇이 있느냐?"고 물었다. 제자는 혀밖에 보이지 않는다고 답하자 "젊어 혈육이 왕성하고 이[齒] 또한 건재할 때, 그게 간혹 혀를 깨물어 아프게 하곤 했었다. 사람들은 이는 강하고 상대적으로 혀는 약한 것으로 알았지만, 남은 것은 이가 아니라 혀니 진짜 강한 것은 혀라며, 강한 것은 그 위세를 오래 떨치는 것 같지만 이미 무너져 없어지고 마는 것이니, 정말 강한 것은 오래 건재한 것이다."라고 했다.

혀가 다른 이의 가슴에 생채기를 내는 화살이 아닌, 아름답고 따뜻한 마음을 노래하는 강하고 사랑스러운 부위로 오래오래 남을 수 있도록 '나일 수 없는 것은' 기꺼이 내려놓고 여운을 남기는 고운 노래만 불러야겠다. 입안의 악기는 신중하게 다루어야 할 일이다.

너울지기

거실이 환해졌다. 꽃 향으로 가득하다. 작은 꽃분 하나가 거실의 공기를 들뜨게 하고 있다. 연한 향기를 심호흡으로 맡으며 콧노래를 부른다. 얼마 만인가. 움츠렸던 마음이 기지개를 켜고 온몸의 세포가 들썩거린다. 겨울을 묻고 봄을 밀어 올린 여린 꽃잎이 한발 먼저 계절을 몰고 왔다. 온 힘을 다해 봄을 피우고 있다. 기다렸던 새봄 기운이 새록새록 느껴진다.

친구로부터 꽃분 하나가 이사를 왔다. 먼지보다 작은 씨앗이 잎을 키우고 꽃대를 소담스럽게 올린 심산 층층앵초를 키워서 가져온 것이다. 아마도 족히 여섯 달은 정성을 쏟았으리라. '이리 예쁜 꽃 분을 선물하다니…' 살아오면서 이토록 뭉클한 마음으로 꽃을 받아본 적은 없었던 듯하다. 같이 다니면서 서로 주거니 받거니 자질구레한 물건들은 자주 나누었지만, 그때는 소박한 마음 씀씀이로 받았을 뿐이다.

작은 꽃분 하나에 가슴이 뛰는 것은 앵초를 키워 봤기 때문이다. 들꽃을 집에서 기르기는 수월하지가 않다. 씨앗을 받기도 어렵거니와 싹을 틔워 꽃을 피우기까지의 과정이 까다롭기 그지없어 보통 꽃집에서 구매하는 것이 예사다. 그 힘든 과정을 겪으면서 키운 꽃을 선뜻 주기가 어디 쉬운 일인가. 꽃분보다 그의 고운 마음을 온통 다 받은 흐뭇함이란, 꽃집에서 사서 주는 축하 화분과는, 울림이 다르다. 그것은 기도하는 마음으로 기다려야 하는, 정성으로 얻어지는 꽃이기 때문이다.

친구는 아파트 베란다를 온통 야생화로 가득 채워 놨다. 한때는 짝꿍이 되어 들로 산으로 그리고 꽃집을 찾아다니며 함께했었는데, 나는 그만 베란다를 확장한 아파트로 이사를 하면서 야생화 키우는 일은 포기할 수밖에 없었다. 들꽃은 바람을 좋아해서 가두어둔 공간에서는 제대로 자라지 못한다. 잎이 넓은 열대식물로 즐기는 수밖에 없다. 친구는 그런 내가 늘 안타깝고, 함께하지 못하는 아쉬움이 큰 것 같았다.

오랜 연구 끝에 얻은 결론으로, 장수하는 사람들의 공통점은 놀랍게도 '친구의 수'였다고 한다. 인생의 희로애락을 함께 나누는 친구가 많고, 그들과 보내는 시간이 늘어날수록 스트레스가 줄고 더 건강한 삶을 유지하였다는 것이다.

평소에 모임도 여러 군데 참석하고, 그런대로 주위 사람들과 잘 어울리는 편이라 친구가 많다고 생각했다. 그런데 숫자보다 얼마나 신뢰를 두텁게 쌓고 있나가 더 소중할 것 같다는 생각이 든다. 눈물이 날 만큼 기쁜 일이 있을 때 먼저 전화기를 들고 자랑해도 될 벗은 몇 되지 않는다. 시새우지 않고 기쁨을 있는 그대로 받아주는 친구, 거기에 칭찬과 격려를 덤으로 얹어주는 친구, 목소리만으로 눈물의 기미를 눈치챌 수 있는 친구, 진정한 우정이란 내게 좋은 일이 있을 때 제일 먼저 알리고 싶은 사람이다.

화분을 앞에 두고 멍하니 앉았다. 아름다움을 눈이 아닌 가슴에 새긴다. 꽃은 흠과 그늘을 어디에 숨겨 놓았을까. 불현듯 사람에게서 나는 향기가 궁금해진다. 내게서는 향기보다 흠이 도드라져 보이지 않았을까. 반 마디의 잘못된 말이 빌미가 되어 가위표를 그었고, 사소한 오해조차도 용납하지 못하는 옹졸함으로 인해 인연을 무 자르듯 하며 돌아선 적도 있었다. 만남을 소중히 여기기보다 허술하게 함부로 대하여 여러 사람의 가슴에 서운함을 남긴 시간들이 더 많았을 것 같은 후회가 앞선다.

나는 여러 사람을 사랑할 재간이 없다. 조금은 까칠하고 소심해서 그리 너그럽지 못한 탓도 있지만, 아픈 기억 탓이 아닐까.

어느 해인가, 산수유 꽃망울이 전해주는 봄소식과 함께 자매 같은 친구가 이승을 떠났다는 비보를 받았다. 그의 세상과의 이별은 너무 뜻밖이었다. 꽃으로 장식된 사각 틀 속에서 온기 없는 미소가 나를 반기던 날, 왈칵 눈물을 쏟았었다. 진한 향냄새를 따라 그의 환한 웃음은 허공으로 날아갔고, 슬픈 눈으로 따라가지만 잡을 수가 없었다. 상대방의 이야기가 조금 거슬리다 싶으면 내 손바닥을 꼭 눌러주던, 딱히 말로 하지 않아도 서로를 믿어주는 따뜻한 친구였는데 마감은 더없이 성미 급한 사람으로 떠났다. 그녀의 영정 앞에 눈물로 적셔진 국화 한 송이를 올려놓고 돌아서는 나는 발걸음이 비틀거렸고 바닥이 휘청거렸다.

그 후로는 마음을 도사리는 버릇이 생겼다. 그저 한두 사람과 끊어지지 않는 향기로운 인연으로 공허한 마음도 부끄럼 없이 보일 수 있고, 악의 없이 남의 얘기를 주고받고 나서도 "너만 알고 있어." 하고 토 달지 않아도 걱정되지 않는 사람, 내가 울고 있을 때 그의 눈가에도 촉촉하게 눈물이 고이는 사람이면 좋겠고, 필요할 땐 충고도 해 주고 어쩌다 실수로 토라져도 다음날 만나면 살며시 손을 잡을 수 있는 그런 사이였으면 더는 바라지 않겠다. 넋두리를 받아 줄 친구는 더러 있지만, 자랑을 스스럼없이 편하게 털어놔도 될 친구는 부끄럽게도 자신이 서지 않는다.

앵초가 까탈스럽긴 해도 사람들의 사랑을 받는 것은 연한 향기 때문이리라. 모르긴 해도 그 까다로움은 향을 만들기 위한 적묵寂黙의 몸짓이 아니었을까. 그뿐이 아니다. 여리디여린 꽃잎은 하트를 그리며 사랑을 노래하고 있다. 그 소야곡은 하루 이틀로 끝나는 것이 아니라 한 달, 두 달, 석 달 열흘도 넘게 지치지 않고 애절하다. 내게 앵초꽃 분을 건네준 친구의 깊은 뜻은, 연한 향기를 담고 사랑을 노래하는 앵초 같은 삶을 살라는 뜻일 것이다.

친구란 영혼을 묶어주는 끈이란 생각이 든다. 그렇다면 나도 그의 영혼 속에 끈으로 매듭지어져 있을까. 성미 급한 나는 그의 푸근함만 믿고 더러 다그치기도 했고, 자랑을 늘어놓으면 축하를 하면서도 솔직히 부러움이 앞서기도 했다. 그는 그런 나를 은근슬쩍 너그러움으로 받아 주었다. 오늘, 네가 곁에 있어서 행복하다.

식물도 낯을 가린다고 했다. 느닷없이 우리 집으로 자리를 옮긴 앵초는 시집온 새색시처럼 새로운 환경에 적응이 힘들지 않을까 걱정이 된다. 집들이를 해줘야겠다. 지인들을 모셔 놓고 자랑 삼아 꽃 잔치를 할까 보다. 어깨에 힘을 넣고 친구 자랑을 늘어놔야겠다.

꽃잎에 묻어온 진솔한 향기는 꽃 향과 어우러져 다가갈수록 더 은은하게 퍼진다. 짧지만 심장한 함석헌 선생의 시구가 떠오른다.

온 세상이 다 나를 버려
마음이 외로울 때
"저 맘이야" 하고 믿어지는 그 사람을 그대는 가졌는가.
그대 그런 사람을 가졌는가.

행복의 주소

아침부터 마음이 들뜨는 날이다. 서울과 인천에서 먼 길을 달려오고 있을 아이들이 무사히 도착하기를 기도하며 시곗바늘만 바라보고 있다. 큰 아이네 네 식구가 먼저 도착하고 이어서 큰딸 아이 세 식구가 들어선다. 뒤따라 막내의 네 가족까지 합세하자 금방 거실이 그득하다. 새끼들이 어미 아비의 금혼일을 빛내고자 먼 길을 서둘러 온 것이다.

특별한 날을 기념하기 위해 먼저 가족사진을 찍기로 했다. 식구 모두 함께하기가 쉽지 않은데 열 일 제쳐두고 모인 아이들이 마음을 흐뭇하게 한다. 사진사 앞에 모인 가족은 모두가 초등학생처럼 시키는 대로 이리저리 자리를 바꾸어야 했고, '김치'를 연발하면서 표정 관리에 여념이 없다. 부동의 지루한 자세를 여러 번 반복하고서야 긴장에서 풀려날 수 있었다.

내친김에 남편과 나는 영정 사진도 찍었다. 얄궂게도 씁쓰레한 기분이 들뜬 분위기를 휘저어 놓고 스쳐 간다. 의미 깊은 날에 또 다른 곳을 향해 떠날 채비를 서두르는 내가 괜히 서글퍼졌다. 아이들이 모두 함께 모인 자리에서 부모의 영정 사진을 미리 떠올리게 하는 내 모자란 모습이 미안하기도 하다.

행사장으로 정해둔 중화요리점에 도착해서야 마음이 좀 누그러졌다. 이 층의 아담한 홀에서 큰 아이가 준비해 온 프로그램대로 차근차근 금혼식의 절차가 전개된다.

먼저 남편의 회고사로 서막을 열었다. 나를 만난 지 오십 년의 인생 역정을 담담하게 풀어나갔다.

"이 아비는 너희 엄마에게 돌이킬 수 없는 한을 남겨 주어서 반세기를 미안하고 빚진 마음으로 살았다."며 웨딩드레스 대신 참최복을 입혀 주었으니 여자의 꿈을 앗은 죄책감에 괴로웠다고 젖은 목소리로 술회하는 것이 아닌가. 지난 세월 동안 단 한 번도 결혼식에 관한 이야기는 꺼내지도 꺼낼 수도 없는 금기였고, 서로 마음을 다치지 않으려는 금도로 여기고 잠재워 두었던 아픈 역사였다. 그 묵언의 세월을 오늘 무거운 짐을 내려놓듯 뜨거운 눈물로 쏟아내자, 나도 아이들도 함께 따라 울었다. 결혼 초 한참 동안은 친구의 결혼 청첩장을 받아 들고도 눈시울을 붉혔지만, 그이는 위로는커녕 알은척도 하지 않았었다.

눈물은 신이 인간에게 준 치유의 정화수라 했던가. 한참을 훌쩍거리고 나니 먹구름이 걷히듯 가슴이 화해지는 발열 현상이 일어나고 있었다. 오십 년이나 지나와서야 그이와 나의 상처는 아물 기미를 보인다. 어디 그게 남편의 탓이던가. 아들의 결혼식을 며칠 앞두고 먼 길을 떠나신 아버님의 가슴은 또 얼마나 아팠을까. 웨딩드레스를 입은 참한 신부일 수 없었던 젊은 시절의 내가 안쓰러워서 울었고, 오십 년 전에 참최복을 입고 떠나보낸 아버님이 가엾어 또다시 눈물이 흘러내렸다.

분위기를 추스르느라 큰아이가 부모님께 드리는 글을 낭독하기 시작한다. 행간으로 스며드는 효가 넘치는 편지글이 가슴을 따뜻하게 데워 온다. 꽃다발을 안겨주며 큰 박수로 축하해 주었고 케이크 자르기가 이어졌다. 장미꽃 오십 송이의 향기가 피어오르면서 모든 회한은 승화되어 행복으로 충만해 왔다.

의식의 순서를 마치고 식사를 하며 다시 정담의 꽃이 봉오리를 터트렸다. 돌아가면서 세 남매, 두 사위, 며느리, 손자 손녀들도 마음속에 담아둔 이야기들을 스스럼없이 펼쳐 놓는다.

어머니도 한 말씀 하시라는 아이들의 성화에 못 이겨 나도 아이들 앞에서 말을 꺼내었다. 초등학교 삼 학년인 막내 외손자에게 질문을 던졌다. "찬희는 네게서 가장 소중한 것이 뭐지?" 하고 말이다. 손자는 조금의 망설임도 없이 "가족이라고 생각합니다." 자신 있게 답한다. 어린것에게 너무 어려운 질문을 했나 싶어 내

행복의 주소 167

심 후회가 되었는데 오히려 기다렸다는 듯 의표를 찌른 반응에 흠칫 놀랐다. 한순간에 온 가족의 박수가 터져 나왔다. 흐뭇하고 대견스러운 순간이다.

"행복이란 평생 살아가면서 공부해야 할 삶의 방식이고 태도이며 그것은 가정에서 찾아야 한다. 한 잎 행운을 찾기보다 주어진 세 잎 행복을 가꾸고 서로의 시린 마음을 채워주는 따뜻한 가정을 꾸려 가야 한다."며 아이들에게 다짐과도 같은 내 마음을 전했다.

자식들은 어버이의 사랑에, 어버이는 자식들의 섬김에 감사하며 축제의 분위기가 무르익어가고, 한 순배 축배의 잔이 돌아간다. 막내딸의 눈물로 읽는 편지가 내 마음을 아프게 했다. "자라면서 부모님께 불효해서 죄송하고, 짝을 잘 맺어주어서 감사합니다."고 말했다. 짝을 잘 만나게 해 주셔서 감사하다는 말에 막내의 위상은 일순 "내 동생 최고"라는 언니 오빠의 덕담으로 한껏 올라갔다.

막내에게 나는 참 모질기만 했던 엄마였다. 어미 욕심에 덜 찬다고 타박했던 지난 일들이 후회되어 따뜻이 안아준다. 막내라서 그런지 지금도 가장 아픈 새끼손가락이 되어 늘 애잔하기만 하다. 어미 노릇이며 아내 역할에 며느리 도리는 어떤지 기우 속에 나날을 보내는 게 어미 마음이었는데 어느새 그 누구도 쉽게 찾을 수 없는 행복의 주소를 알고 있는 듯하다. 배우자를 존중해

줄 수 있는 아량과 따뜻함을 품고 있지 않은가. 염려스럽기만 하던 아기가 행복으로 가는 지름길도 이제 찾은 듯하다.

　식사를 하며 서로 마주 보고 웃는 새끼들의 눈에서 반짝반짝 빛나는 별들이 쏟아지고 있다. 반세기 동안 일궈온 내 보물들을 바라보며 괜스레 마음이 벅차오른다. 늘 아픔의 자리에만 있던 오십 년 전의 참담했던 기억, 세월의 힘으로 잦아들었으려니 했던 못 치른 결혼식도 이제는 추억의 하나로 갈무리할 용기가 생긴다.

　아이들에게 말로 전했던 세 잎 클로버 속에서 내가 아픔의 자양분을 품고 지낸 시간 들을 되새긴다. 행운을 찾아가는 길목에 묵정밭처럼 밟고 지나갔던 순간들과 세월의 더께 속에서 무지렁이처럼 지낸 시간 들이 꿈결처럼 스쳐 간다. 더께 속에 묻힌 먼지 묻은 시간 들이 바로 세 잎 행복을 키워내는 내 삶의 거름이었음을 다시금 떠올려 본다.

　오십 년을 되돌아보는 금혼식의 행복 한 줌이 오늘은 유난히 마음을 부르게 한다. 생의 끝자락에 깃든 소박한 사랑의 충일充溢에 빠져본다.

하모니

　별들이 쏟아진다. 휘황찬란한 불빛은 숲이 되었다가 순간 은하수의 세계로 안내한다. 갑자기 눈이 부시며 청중석이 환해졌다가 어두워지고 다시 밝아지는가 하면 무대 위의 그림들은 천지창조라도 하는 것일까, 여기 번쩍 저쪽 활활 마구 모였다가 부서진다.
　텔레비전 프로그램 〈불후의 명곡 전설을 노래하다〉 대미를 장식할 연중 마지막 디바들의 전쟁이 시작되었다. 뛰어난 가창력과 화려한 퍼포먼스, 격조 높은 편곡으로 시청자들의 눈과 귀를 사로잡는다.
　지그시 눈을 감는다. 뇌가 온전히 소리를 듣는 데만 집중하기 위함이다. 살아 있는 느낌을 만끽하고 싶어서다. 귀가 열리는 순간 천상의 소리를 듣는다. 보컬 그룹 '포레스텔라'의 〈마법의 성〉

을 그리운 음색으로 목울음을 토해내는데 온몸에 전율이 느껴져 온다. 저리 부드러운 화음이 있었던가.

  베이스와 바리톤 파트가 아주 여리게 두 마디를 먼저 부르면 테너가 따라 나와 화음을 붙인다. 때로는 질주하듯 격정적으로, 어느 부분에서는 흐느끼듯 애절하다. 객석에서는 눈을 감고 있는 사람, 감정이 격해서 눈물을 훔치는 이가 있는가 하면 기도하는 얼굴로 경건하기까지 하다. 뒤편에서 코러스가 깔아주는 하모니는 꿈길을 걷는 듯 감미롭다. 예술적인 퍼포먼스가 어깨를 들썩이게 한다.

  중창에서 가장 중요한 것은 화음이다. 각자의 소리를 조절하여 조화를 이루는 것이다. 높이가 서로 다른 음이 동시에 울렸을 때 또 다른 소리를 만든다. 너와 나의 소리가 만나서 부드러운 화성을 만들어내야 한다. 어느 한 영역의 성량이 풍부하고 재능이 뛰어난 사람이 제소리를 끝까지 올린다면 소음에 불과하다.

  학창 시절 특별활동으로 합창부에서 열심히 노래를 불렀다. 전국합창경연대회 준비로 지정곡과 자유곡 각 한 곡씩을 일 년 가까이 소리를 다듬었다. 연습하는 동안 두 소절을 이어가기 어려울 정도로 수십 번을 끊고 반복하니 견디기 어려웠다. 지도 선생님의 말씀은 "자기 소리를 낮추고, 남의 소리에 맞추어 어울림을 만들어야 한다."였다. 그때는 내 소리가 도드라지게 부르고 싶었다.

  삶도 하모니이다. 빈틈없는 일상을 꿈꾸며 분주하기만 했던 시간들을 돌이켜 본다. 균형과 조화로움이 유지되는 삶의 이치를 조금은 알 것도 같다. 자기 소리를 죽이고 상대의 소리에 맞는 음을 내기 위한 발성 연습이 필요하다. 내 주장보다는 너의 말에 귀를 기울여 화음을 만들어야 할 것 같다. 내 소리는 다른 사람의 소리와 반드시 어울려야 한다.

바리톤, 베이스와 함께 잔잔하게 어우러지다가 테너의 높고 긴 소리가 절정에 다다르자 숨이 멎을 것 같았다. 우레 같은 박수 소리와 함께 노래는 끝이 났다. 관객들과 공유하며 섬세하게 녹여 낸 무대, 환상의 하모니에 관객들이 열광한다. 모두 기립박수로 화답한다. 시청하는 나까지도 함께 들썩인다.

마음속에 있는 멋진 영상들을 떠올리게 했다. 부드러운 선율은 신비의 세계로 추억 여행을 떠날 수 있었다. 환상의 하모니를 만들기 위해 얼마나 많은 연습을 했을까 싶다.

부부 만남도 하모니이다. 부부가 부르는 이중창은 악보도 반주도 없으니 눈빛으로 높낮이를 맞출까 보다. 늘 내 소리가 더 아름답다고 우긴 것 같기도 하다. 때로는 당신 소리가 너무 커서 화음을 맞출 수 없다고 짜증 내고, 당김음으로 쫓아 나오는 것은 나였다. 그러면서도 남편에게는 반 박자 늦다고 투덜대기도 했다. 차라리 독창을 부르겠다고 목을 곤추세웠다. 아내의 음성도 아니고 남편의 목소리도 아닌, 두 소리가 어울려서 아름다운 화음을 만들어 낼 수는 없을까.

노래에서는 음을 잡아주는 반주가 있고, 뒤에서 받쳐주는 코러스가 있어 처음부터 끝까지 흔들리지 않고 완성미를 선사한다. 부부가 부르는 이중창은 어떤가. 음을 잡아주는 반주가 없기에 서로를 묶어 줄 사랑이라는 반주가 있어야 완성미가 더해지리라. 사랑이라는 반주가 없으면 부부의 노래는 한낱 소음이 되기 십상이다.

혼성 이중창으로 사랑을 받는 부부가 있다. 뮤지컬배우로 활동하고 있는 이 두 사람은 뛰어난 가창력에 살뜰한 사랑이 더하여 많은 이들의 부러움을 사고 있다. 얼마만큼 사랑하면 저리 고운 화음이 나올 수 있을까 싶다.

부부송의 화음은 부딪치고 서운하고, 충돌하고 튕기면서 서로의 음색을 조율해 가야 한다. 다툼 또한 음을 다듬기 위한 몸짓이었던 것을. 나를 드러내지 않고 너와 함께 서로 도와주면서 하나가 될 때 비로소 삶이 아름답다는 사실을 깨닫게 되지 않을까. 조금씩 노력하면서, 지금 여기에 최선을 다하다 보면 성숙한 사랑을 노래하게 되지 않으랴. 항상 가슴 깊숙한 곳에서 우러나오는 복식호흡으로 발성 연습을 하다 보면 언젠가는 멋진 하모니로 자신 있게 사랑의 이중창을 부를 수 있는 날이 오지 않을까. 완벽한 하모니를 만들어내지는 못할지언정 마음속 오선 위에 작은 포르티시모 하나쯤은 그릴 수 있으리라. 중창에서도 절정에 다다르면 포르티시모로 치닫게 되는 것처럼.

승화의 날개

 비상非常이 일상이 된 지도 반년이 훌쩍 흘렀으나 그 끝은 오리무중이다. 설마 했던 한갓 바이러스 반란에 맥없이 무너져 내린 인지의 무력함에 당혹을 감추지 못한다. 생활 속 거리 두기가 계엄령처럼 일상을 삼엄하게 옭아매고 있다. 삶에, 예기찮은 먹구름이 몰려온다.
 선고 없는 옥살이로 방콕이니 집콕이라는 자조로 어두운 나날을 지내던 중 한 줄기 빛이 보였다. 우울한 마음을 위로받을 수 있는 연예 프로 하나가 떴다. C종편이 내보내는 한밤의 〈미스터 트롯〉이 그것이다. 닫힌, 몸과 마음을 달래는 데는 노래만 한 것이 없나 보다. 그것도 격조 높은 클래식이 아니라, 사람의 마음을 솔직하고 직설적으로 위로해 주는 대중가요다. 마의 벽이라 할

만한 시청률 30%대를 훌쩍 뛰어넘는 것을 보면 그럴싸해 보인다.

　몸을 내동댕이치듯 춤을 추고, 듣는 이들의 울울한 가슴을 훑어내듯 멋들어진 개성에 특이한 창법은 시청자들의 스트레스를 쓸어내는 묘약이다. 〈미스터 트롯〉은 '너 죽고 나 살자'는 막장 경쟁을 지양하고, 서로를 배려하면서 신명을 풀어헤치며 시청자와 함께 즐기면서 가수왕으로 가는 아름다운 경연의 새 모델로 우뚝 섰다.

　트로트는 아무리 밝게 불러도 한과 설움이 깔린 노래다. 비록 감정을 감추고 부른다 해도 노랫말과 가락에는 한과 설움이 실루엣처럼 묻어난다. 마음 둘 데 없는 사람들의 가슴에 트로트의 애잔한 가사는 화살처럼 날아가 듣는 이의 가슴을 후빈다.

　'딩동 댕' 일요일 한낮이면 합, 불합격을 알리는 이 차임벨 소리는 우리 국민들의 오포午砲로 자리 잡은 지 오래다. 이맘때가 되면 국민들은 TV 앞으로 앉는다. 일요일의 남자 '송해' 씨의 특유한 음색 '전국' 하고 곡선을 그리듯 외치면 객석에서는 '노래자랑' 엿 가락처럼 길게 빼서 화답한다. KBS 전국 노래자랑의 시작은 전 국민을 기대와 설렘으로 몰아넣는다. '딩동댕'과 '땡' 소리로 희비가 엇갈리고 아쉬움과 웃음바다로 흥을 돋우기도 한다. 사회자의 노련한 말솜씨와 재치는 시청자들을 흥겹게 만든다. 전국 노래자랑은 거의 트로트 일색이다. 그 가사는 서민의 애환이 녹

승화의 날개

아 있어 공감대가 탄탄하다.

　내 젊은 날엔 겉멋이 들어 트로트보다 클래식을 좋아했다. 오케스트라가 연주하는 장면을 떠올려 작품 분위기를 한껏 즐겼고, 피아노 뚜껑을 열어젖히고 손톱이 아프도록 현을 긁어댔다. 피아노 특유의 맑은 소리를 듣노라면 왠지 수준 높은 음악 세계를 만끽하고 있는 것 같아 자존감이 부풀어 오른다. 지금 생각해 보면 하잘것없는 겉멋일 뿐이다. 천착하지 못한 탓이겠지만 클래식은 어려운 장르였다. 모차르트나 베토벤을 즐기려면 해설이 뒤따라야 하고, 곡에 심취하기에는 전문적인 내공이 수반되어야 한다.

　'4월은 잔인한 달! 죽은 땅에서 라일락을 피워내고…' 첫 줄은 기억하지만, 마지막까지 그 긴 시를 읽어 내려면 상당한 인내심이 필요하다. 엘리엇이 쓴 〈황무지〉의 첫 문장 때문에 많은 문학도들은 마치 주술에 걸린 것처럼 4월을 잔인한 달로 받아들이게 되었다. 하지만 이 시가 발표되고 거의 백 년 뒤인 2020년 4월은 '코로나19'의 기승으로 온 세계가 참상을 매일매일 보고 있다. 전무후무한 이 '비대면 사회'라는 시점에서 〈미스터 트롯〉이 어수선한 현실에 어떻게 공헌할 수 있는지를 보여 준 성공적인 '퍼포먼스'였다.

　만남과 축제를 갈아엎은 '코로나19'! 보러 오라고 심었던 예쁜 꽃들을 보러올까 봐 꽃 순을 잘라야 하는 이 잔인한 4월! '코로나

19'의 악령이 부른 '잔인한 4월'은 아직도 진행형이다. 가정과 학교는 물론 모든 조직체를 갈라놓은 환난의 암흑 상을 멈추지 않는다.

어느 친구 부부는 어쩌다가 한꺼번에 양성 확진 판정을 받고 격리 치료를 받던 중 남편이 그만 삶의 끈을 놓치고 말았다. 그 먼 저승길을 만장輓章한 폭 앞세우지 못한 채 달랑 목곽 속에 싸여 화장장으로 떠났다. 아내도, 자식들의 배웅도 따돌린 채 외로이, 쓸쓸하게 떠나야 했다. 이 얼마나 잔혹하고 절박한 비애인가.

정이 고프고, 사람이 그립다. 마스크로 입을 닫았으니 모두가 뙤약볕 속 선인장 가시처럼 뾰족하고 덤덤하다. 마음의 문도 닫아버린 것은 아닌지. 한 번도 살아 본 적 없는 사막에 살고 있다. 숨을 쉰다고 사는 것이 아니다.

하지만 세상사는 다변해서 눈을 부릅뜨고 살피면 살만한 구석도 있다. 현실을 극복하고 개선하려는 기운과 주체는 늘 존재하기 마련인가 싶다. 한순간이나마 그 아픔을 잊게 하여 준, 미스터 트로트 가수들의 혼을 쏟아붓는 열창에 시청자들은 열광하며 흐느낀다. 그의 감성이 전이되어 나도 울컥한다. 가슴 깊이 쌓였던 응어리가 얼음 녹듯 풀린다. 열세 살 똑똑이 J군이 '희망가'를 불러 어른들의 가슴을 후볐고, 영혼까지 해맑아 보이는 대학생 L군은 '진또배기'를 불러, 오던 잠도 날려 보냈다.

슬픔을 딛고 일어서려는 의지의 감정이 함께하려는 순간, 어떤 힘도 보탤 수 없는 것처럼 보이는 노래 한 곡이 승화의 날개를 달고 힘없는 어깨를 토닥여 준다. 기댈 곳 없는 이 시점에서 짧은 노래 한 곡은 예술의 경계를 뛰어넘어 마술처럼 위로의 등불이 된다. 트로트가 주는 결은 다르다. 얼마나 삶을 솔직하게 표현했는가. 서글픈 삶을 달래주는 가락이었고, 때로는 일상에 시달리는 소소한 스트레스를 날려 보내는 카타르시스였다.

이제야 알 것 같다. 서로가 기대고 살았던 것을.
이제야 보인다. 나는 너에게서 위로받고 있다는 것이.
모든 것이 멈추고 나서야 평범했던 날들의 소중함을 깨닫는다.

이만하면

아침부터 먹구름이 잔뜩 내려앉더니 풀풀 진눈깨비를 흩뿌린다. 처음에는 작은 싸락눈이 바람에 얹혀 날아다니다가 지금은 제법 굵은 송이가 쏟아져 내린다. 눈 오는 날, 진공 같은 침묵 속에서 앙상한 가로수 나뭇가지마다 솜 같은 눈이 소복이 얹혀있다. 봄은 이렇게 서설을 앞세우고 오는 것일까.

돌아오는 차 안에서 메시지를 받았다. "아버지 수술 들어가셨습니다." 밤 7시 40분이다. 응급환자로 밤중이라도 수술을 해야 한다는 통보를 받고 돌아오는 길이다. 코로나19 사태로 보호자도 한 사람만 허용하는 바람에 막내딸이 데려다주는 차 안에서 아들의 메시지를 받았다. 수술은 순조로워 3시간을 넘긴 밤 10시 40분에 끝이 났단다. 안도의 한숨이 나왔다.

무려 석 달을 이 병원 저 병원을 전전하다가 영상의학과에서 MRI를 찍었더니 전문의는 세 가지의 가능성을 설명해 주었다. 심하게 다쳤을 경우이거나 아니면 세균 감염일 수도, 또는 악성일 수도 있다는 것이다. 악성이라는 말에 순간 정신이 아찔했다.

다친 적도 없고, 세균에 감염될 일은 더더욱 아니고, 악성이면? 너무 놀라는 내 모습이 딱했던지 의사가 따라 나오면서 세균 감염일 가능성이 크다고 애써 안심시켰다. 대학병원으로 가보라는 소견서를 받아든 손은 부들부들 떨고 있었다. 대학병원에서도 똑같은 설명으로, 수술해 봐야 정확한 진단을 내릴 수 있다고 한다. 극도로 긴장하며 지켜본 수술 결과는 주사기로 인한 세균 감염이었다. 악성 종양이 아닌 게 어딘가 싶다.

석 달 전쯤에, 탁구장에서 손가락을 다친 일이 있었다. 동네 병원에서 치료를 받고 엉덩이에 항생제 주사를 맞았는데 열흘쯤 지나자 허리가 불편하고, 다리까지 걷기가 힘들 정도로 아파 그 고통이 이루 말을 할 수가 없었다. 세균은 엉덩이에 고름 덩어리를 만들고, 그 덩어리가 척추 신경을 눌러서 허리와 다리까지 불편했다. 혈액 검사 결과, 혈액의 염증 수치가 일반인들의 열 배도 넘게 오염되어 있었다. 자칫하면 패혈증으로 진행될 수도 있다고 했다. 피에 숨어든 세균을 배양해서 그 균에 맞는 항생제를 투여하는 힘든 치료 과정이 이어지고 있다.

항생제와 진통제는 입맛을 앗아가서 '밥' 소리만 들어도 구역

질을 할 지경이니, 체중은 급속도로 빠지고, 환자의 몰골이 말이 아니다. 하루도 빠짐없이 이른 새벽에 아이들의 등굣길을 실어 나르던 당당하고 굳건함은 어디 가고, 맥없이 깡마른 육신을 뉘고 있는 그가 너무 낯설고 가엾어 보인다. 갑작스러운 상황에 아이들이 안절부절못하고 있다.

누가 말했던가. 불운은 어깨동무하고 온다고. 엎친 데, 덮친 격으로 나는 무릎 수술이 예약되어 있었던 터였다. 연골이 닳아서 인공관절을 넣는 수술이다.

여기서도 "끄응" 저기서도 "끄응"

환우의 앓는 소리가 609호실 밤의 정적을 깨운다. 뼈를 깎아 낸 통증을 견디느라 잠 못 들고 신음하고 있다. 오죽하면 뼈를 깎는 아픔이라 했을까. 무릎 관절 수술을 받고 인공관절을 넣은 환자들이다. 진통제를 투여해도 견디기 힘든 고통이 따른다.

"아침 식사는 죽을 세 숟가락 드셨습니다. 꼼짝도 못 하고 누워있어야 하니 식욕이 없나 봅니다." 막내가 눈물방울을 달고 시간마다 제 아버지의 상태를 알려온다. 아이들의 지극한 정성에 내 아픔은 앓는 소리조차 어금니를 물며 견디는 중이다. 대견함과 통증의 대차 대조 때문일까, 통증이 반감되는 듯하다. 제 아버지의 간호는, 낮에는 막내가, 밤에는 아들이 지키는 날들이 꼭 한 달이 흘렀다. 둘째는 내 병실을 지키면서 짬짬이 대구에서 인천 송도까지 천릿길을 사흘이 길다 하고 오가며, 병실에 필요한 용품들을 챙겨 나르고. 삼 남매가 한순간의 소홀함도 없이, 부모 수발하는 모습을 보니 기특하기 이를 데가 없다. 나를 낳아 기른 부모님께 바친 내 정성에는 아쉬움이 없었던가를 돌아보니 만감과 마주하게 된다.

아직 덜 여문 콩꼬투리라 여겼었는데 알이 제대로 찬 꼬투리임을 발견했다. 절박한 상황을 셋이서 톱니바퀴 돌아가듯 대처하는 모습에 너무도 대견스럽고, 흐뭇하기까지 하다. 성숙은 나이테의 늘어남이 아니라, 그 테의 사이사이에 스민 솔향과 같은 끈끈함과 향기로움이라는 생각이 든다. 그나마 다행인 것은, 아들이 승진 후 1년간은 재택 온라인 수업을 받고, 밤에는 자유로운 형편이어서 제 아버지 곁에서 간호할 수 있게 되어 얼마나 큰 위안이 되는지.

병실 침대에 누워서 아픔보다 더 큰 사랑을 배운다. 우리가 사랑하는 사람에게 그 사람을 사랑하고 있음을 알게 하는 것이, 그리고 그 사람을 위해 시간을 내는 것이 얼마나 중요한가를. 힘든 상황이 사랑을 확인할 수 있는 계기가 된 것 같다. 진정으로 감사하는 마음을 우리는 고통을 통해서 얻고 있는가 보다. 그것은 인고의 시간과 좌절의 깊이가 만들어 낸 힘이 아닌가 싶다.

세상에서 가장 귀한 손자, 손녀로 키워 주신 할머니의 사랑 힘으로 사랑할 줄 아는 따뜻한 사람으로 성장했구나 싶다. 내가 가장 어려울 때 찾아온 귀한 선물! 온 우주로 내 가슴을 꽉 채워준 내 작품 석 점! 어떤 그림으로 그릴 것인가, 무슨 색으로 칠할 것인가? 키우면서 한 번도 넉넉하게 해주지 못했는데.

부족함이 일찍부터 철들게 했을까. 어릴 때도 남매끼리 다툰 기억은 별로 없다. 그것은 워낙 제 할머니께서 손자를 우선시하는 바람에 동생들은 당연한 것으로 받아들였고, 오빠는 의젓하면서도 살갑게 동생들을 챙겨 주어서 할머니를 성가시게 한 적은 없었다. 그 띠앗으로 어른이 된 후로도 고이고이 가꾸어가고 있다. 제철 과일이나, 농산물을 택배로 주고, 받으면서 서로를 챙기는 모습들을 지켜보는 어미의 마음은 더없이 훈훈하다. 어머님께서 사랑이라는 물감으로 밑그림을 그려 주셨기에 어떤 붓질에도 잘 스며들 수 있을 것 같은 부드러움이 느껴진다.

키워서 시집 장가를 보내고, 저마다 가정을 꾸리면서 오롯이 내 안섶에 올망졸망 자랄 때처럼 새끼들만 모이기란 참 어려웠다. 비록 엄마 아빠가 아파서 모이긴 했어도 삶의 갈피에 오늘 같은, 다시 품을 수 있게 될 줄은 상상도 못 했던 일이다.

소생所生을 바라보노라면 내 삶이 저물어 갈 즈음, 그 그을리고 생채기가 난 지난날을 보상받은 충일充溢 그것이었다. '이만하면 잘 살았구나.' 나 자신에게 박수를 보내고 싶다. 자식인 것과 자식 노릇이라는 것은 그 결이 너무 다른 것이란 생각이 든다.

우애로 화합된 보석들의 결정체를 보았기에 두려움은 사라지고 마음이 참 편안하다. 어떤 아픔이나 시련이 닥쳐도 거뜬히 견딜 수 있을 것 같다. 삶의 질곡에서 자식만큼 자신을 일으켜내는 것은 없다.

  병실에서 내려다보는 가로수가 어느새 새잎을 내민다. 엄혹한 겨울을 이겨낸 장한 모습으로 웃고 있다. 나도 덩달아서.

창

 온 누리가 환해졌다. 색은 선명해졌고, 빛은 눈이 부시다. 이렇게 쾌할 수가 없다. 흔히들 눈은 마음의 창이라고 한다. 그 창에 묵은 때가 끼었다. 닦아도 지워지지 않는 얼룩들이 그대로 남아 있어 창을 갈아 끼워야 한단다.
 드디어 예약된 시간에 도착했다. 몇 날 며칠을 두려움과 걱정에 끙끙대다가 무거운 걸음으로 병원 문을 들어섰다. 노화 현상에서 오는 흔한 수술이라 겉으로는 태연한 척했다.
 수술대 위에 누웠다. 겁이 났다. 행여 잘못되어 앞을 못 보는 일이라도 일어난다면 어쩌나 하는 기우로 온몸이 뻣뻣해졌다. 편안하게 힘을 빼라는 의사의 말이 거듭되고 도수 높은 불빛이 눈을 부시게 했다. 수술은 백내장을 걷어내고 인공 막을 씌우는 작업이었다. 얼마나 긴장을 했던지 두 손에 땀이 배었다.

어릴 때부터 안경을 꼈다. 그때는 반 전체에서 안경을 낀 학생은 나 혼자였다. 부끄럽고, 불편해서 꼈다가 벗기를 반복하면서 하늘은 늘 잠포록했고 물체들은 감실감실 윤곽조차 흐릿한 형체만 보일 때가 많았다. 희미한 모든 것들이 그러려니 했을 뿐 밝은 빛의 세상을 상상도 하지 못했다. 눈이 선명한 것을 보지 못했으니 마음인들 온전하겠는가.

수술대 위에 누워서 텅 빈 마음을 봤다. 흔히들 마음을 비운다, 아니 덜어내라는 말들을 많이 한다. 핸드폰 카톡을 떠돌아다니는 글귀들은 마음이 가난하다는 흔한 말들이 차지하고 있다. 그러나 나로서는 할 수도 없고 하고 싶지도 않았다. 법당에서 머리를 조아리며 기도를 올리는 중에도 끝없이 일어나는 망상들을 어찌 비울 수가 있단 말인가. 비우는 것보다는 덜하지만 무엇을 채울지도 늘 어렵다. 들이고 싶어도 다가오지 않는 것이 있는가 하면 꾸역꾸역 밀고 들어와 자리를 차지하는 것들이 더 많다. 탐심은 비우기는커녕 채워 넣을 때가 더 기쁘다는 게 솔직한 심정이다.

아무 생각도 없이 그저 '도와주십시오' 수술이 무사히 끝나기를 간절히 빌고 있는 내 마음을 보았다. 눈을 감아야 보일 것 같은 내 안의 나를. 절박한 상황일 때 마음은 비워지고, 절대자 앞에 비열하리만치 낮춘다. 허기는 채워도 차지 않으니 기도하는 마음으로 신을 맞이하고 싶다. 신은 내 안에 사랑을 채워주시려 나.

초등학교 때 분수를 배웠다. 몫이 크려면 분모의 숫자를 줄일 일이다. 분모의 숫자를 대중없이 크게 잡아 놓는 바람에 언제나 내 몫이 덜 찬 나날이었다. 삶의 궤적에는 수월했던 날들보다 버거웠던 기억들만 도드라진다.

오늘 창을 리모델링했다. 때 묻은 헌 유리는 걷어내고 깨끗한 창으로 갈아 끼웠다. 세상이 밝아졌다. 창문 한 짝 갈아 끼웠을 뿐인데 세상이 아름답게 보인다. 그렇다면 마음의 창틀도 수술할 수 있지 않을까. 내 마음의 창틀은 견고하지 못해서 수시로 바람이 드나들었다. 아니 바람이 불지 않아도 흔들렸고, 하찮은 자극에도 삐걱거렸다. 그런데도 늘 그러려니 했을 뿐 부질없는 욕심이 들락거려도 창틀을 손볼 생각이나 고쳐볼 엄두도 내지 못했다. 욕심으로 얼룩진 창틀을 들어내고 바람이 새지 않는 튼튼한 틀로 갈아 끼워야겠다. 뿌옇게 덮고 있는 탐욕들을 걷어내고 사랑이란 새 이름의 창틀로 갈음해야겠다. 바람이 불러낼까 감정의 바람이 드나들지 못하도록 문풍지도 발라야지. 방이 얼마나 훈훈해질 것인가.

우리는 늘 비우고 채우면서 살아간다. 나는 채우지 못할 것을 욕심내기도 했고, 비우지 말아야 할 것을 덜어내기도 했다. 그것은 눈이 정확하게 볼 수 없어 선택이 분명하지 못한 탓도 있지 않앉을까 싶다. 눈 밝음은 지혜를 만든다고 했다. 이제 환한 눈으로 무엇을 줄이고 어떤 것을 담아둘 것인지, 꽉 채울 것인지 조금은 비워둘 것인지도 가늠해서 푼푼한 삶을 살아야겠다는 다짐이 선다. 욕심은 수많은 고통을 낳는 나팔수라 했거늘, 살짝 아쉽고 조금은 부족한 틈이 은은한 여운을 남기지 않겠는가. 잡히지도 않는 것을 잡기 위해, 아니 어디를 향해 가고 있는지도 모른 채 무언가를 채우려다가 아무것도 들이지 못하는 경우도 수없이 많았다. 비운다는 것은 뭔가를 덜어내는 것만을 의미하는 것이 아니라, 비움은 자신을 내려놓는 것이 아닐까.

지난 계절의 결락缺落을 뒤적이며 밖으로만 기웃거리던 눈을 안으로 들인다. 바깥을 떠돌던 바람을 잠재우고, 내 삶의 의미가 무엇인지도 모르면서 미망 속에 두서없이 분주했던 머릿속의 생각들을 정돈해야 할까 보다. 헛헛한 마음 저편까지 따스하게 채워줄 안온함이 그리워진다. 분수도 모르고 푼수 없이 살아온 지난날을 돌아본다.

눈이 밝아지면 마음도 맑아지려나.

반룡사를 거닐며

원효대사가 지나간 길 위에 내가 서 있다. 5월은 정갈한 반룡사 마당에도, 적요한 법당 뜰에도 자글자글 햇살을 내려놓고 있다.

반룡사는 대한불교조계종 제10교구 본사인 은해사의 말사로 경북 경산시 용성면에 있다. 신라 때 원효(元曉: 617~686)가 창건하였다고 해서 더 정감이 끌린다. 고려 때는 무려 다섯 개의 암자를 거느린 대찰이었으나 임진왜란 때 불에 탔다. 조선 후기에 또 불에 탄 것을 1920년에 중창하여 오늘에 이르는 관음 기도처로 널리 알려져 있다.

여느 절과는 달리 반룡사에는 일주문도 천왕문도 없다. 아무 장식도 없이 불심만 담은 법당 한 채가 우뚝 서 있을 뿐이다. 매무새를 고친 뒤 두 손 모아 마당에서 합장 삼배를 드린다. 대웅전 현판 글씨가 날아갈 듯 아름답다. 일주문과 천왕문을 거치지 않아도 연화의 향이 그윽하기만 하다. 득도의 경지에 들어가는 길은 순서나 조건이 없어도 구도의 자세를 갖추면 깨달음을 얻을 수 있다고 일러주는 듯하다. 이처럼 그침이 없으니 곧장 깨달음에 이를 것 같고, 덩달아 비좁은 내 가슴에도 자비가 내릴 것만 같다. 향을 피우고 번잡한 생각이 사라질 때까지 절을 하고 또 했다. 집을 나설 때 담아온 모난 성미가 향 너머로 아득히 사라져가고 있다. 번민이 정화된 듯 가뜬해진 기분이다.

삼국의 백성들이 분쟁 없이 살 수 있는 길이 무엇일까를 늘 고뇌했을 원효대사를 떠올린다. 그는 오직 '하나'라는 구심점을 향하여 화쟁和諍 사상으로 삼국통일을 절실히 염원하던 분이다. 특정한 교설이나 학설을 고집하지 않고 비판과 분석을 통해, 보다 높은 가치를 이끌어내며 모순과 대립을 하나의 체계 속에서 다루고자 하였다. 한국 불교의 전통으로 이어지고 있는 화쟁은 우리나라 불교의 기본사상인 평등 일심을 일컫는다. 양극의 대립을 지양하고 평화와 조화를 추구하는 그의 사상은 오늘을 사는 우리에게도 큰 화두를 던져준다.

천천히 경내를 둘러본다. 구룡이 승천하였다는 관음 도량 반룡사는 구룡산의 산세를 품고 있다. 수대를 걸친 창창한 세월을 품으며 연좌에 의젓하게 앉으신 부처님은 오직 미소로 내 분별없는 미혹을 걷어주시는 듯하다. 옛 가람은 임진왜란 때 불타 사라졌지만, 고찰의 기운은 여전히 청청하기만 하다. 산세의 여백을 휘돌며 고아한 소나무 위로 흰 구름이 한가롭기 그지없다.

일체유심조一切唯心造라 했던가. 원효는 의상과 함께 당나라로 구법 여행을 가다가 밤중에 목이 말라 마신 물이 해골바가지의 물이었음을 알고 도를 얻게 되었다. 모든 것은 오로지 마음이 지어내는 것이라는 엄청난 가르침이 내 마음을 가다듬게 한다.

바람이 불지 않아도 흔들리는 것이 마음 아니던가. 뒤 변덕스럽기 짝이 없는 것이 마음이고, 아무리 다잡아도 술렁이는 것이 마음이다. 좋을 때는 깃털처럼 가볍다가도 잡치면 천근 바윗돌로 짓누르는 것이 마음이고, 비우고 싶다 하여 쉽게 비워지는 것도 아니다. 귀한 보석으로 가슴 깊숙이 숨겨져 있다가도 수시로 바깥을 기웃거리는 것이 또한 마음이란 녀석이다. 집착하지 말라는데 그게 그리 쉬운 일인가. 내 기도는 집착을 떨치지 못하고 풍뎅이 제자리 돌 듯할 뿐이다. 부처와도 같은 순수한 마음을 향해 가슴을 벌리고 걸어갈 날이 다가오기나 할까.

경내를 돌아 먼 산을 바라보며 바람 같은 내 마음을 부처님이 다잡아 주시길 염원해 본다. 부처님은 나를 어디까지 인도해 주실 수 있을까. 진정 지혜로운 자가 되길 바라며 숨겨두었던 마음들을 꺼내어 놓는다. 오랜 세월로도 아물지 못한 상처들을 바라본다. 눈물로 치른 결혼식은 내게 지금까지도 아물지 않은 상흔으로 남았다. 혼인식을 열이틀 남겨두고 시아버지께서 천상으로 가셨다. 청천벽력이란 이럴 때 쓰는 단어일까. 아버님의 시신을 뉘어 둔 채 보름달도 울어주는 작수성례로 결혼식을 대신했다. 띄우지 못한 청첩장은 치유되지 않는 아픔이다. 원효 선사의 가르침대로라면 신이 주신 그 시련은 철부지인 내게 호된 담금질이 아니었을까. 사십여 년이 지난 일이지만 마음을 고쳐먹어 보려 애쓴다. 하객들의 축하를 받으며 화려하게 혼인식을 올린 부부조차 헤어지기도 하고, 더 어려운 시련에 힘들어할 수도 있겠구나, 생각하니 위안이 된다. 생각의 나침반 방향을 긍정 쪽으로 바꾸고 삶의 행로를 조용히 묵상한다.

왕재 언덕에 올라섰다. 무열왕과 왕후가 손자 설총을 만나러 오던 그 길이다. 언덕에 오르니, 마치 거대한 용의 등에 올라탄 듯 세속의 온갖 시름이 싹 가시는 기분이다. 원효 성사, 요석공주, 설총의 사연을 간직한 구룡산 왕재는 신라 천 년의 역사를 미루어 볼 수 있어 성지라 해도 지나치지 않다.

만세루에 앉아 조용히 눈을 감는다. 잠시 모든 것으로부터 관객이 되어본다. 내 머릿속에 똬리를 틀고 있는 번뇌를 벗어던지고, 진심을 우러나오게 하는 법음으로 깨달음의 경지를 빌어 본다. 단지 조용히 앉아 보았을 뿐인데 어디선가 청정한 울림이 작은 파장으로 밀려온다. 앞으로 다가올 순간을 더욱 맑게 살고자 마음 자락을 가다듬으며 매무시를 더 단정히 한다.

산등성이 너머로 가뭇없이 사위어가는 노을을 본다. 저무는 모든 것은 안타깝도록 짧고 애잔하다. 낙조가 삶의 유한함과 덧없음을 깨우쳐 주며 멀어져가고 있다. 더 머물고 싶은 마음을 접고 반룡사를 나선다. 한 모퉁이 돌아서니 절은 멀어지는데 독경 소리가 따라와 다 비우고 가라고 당부한다. 성취의 끝점은 채움에 있고, 영원을 살려면 마음을 비우라고 일러준다. 그래서 원효선사는 생의 유한성을 초월하고 있는가 보다.

 산문에 걸린 노을을 등지고 돌아오는 내 마음은 난생처음으로 무욕의 가벼움을 안고 간다. 소용돌이치던 무거운 마음들이 가라앉고 편안하다. 용오름의 발판이 되었던 반룡사의 허공이 그때의 하늘처럼 느껴지는 것은 내 조그만 깨달음 덕분일까.

백 점 인 생

　손자 녀석이 육 학년이 되었다. 학교에 입학하기 전에는 곧잘 할머니 집에 오고 싶어 하고, 또 와서는 엄마 아빠를 한 달씩이나 떨어져서도 우리와 함께 있기를 원했었다. 그런데 학년이 높아지고 해야 할 공부가 많아지면서 할머니 집에 와 있을 기회가 차츰 줄어들고 있다. 저러다가 중고등학교에 가면 영 기회가 없어질까 걱정이 앞선다.

　가끔 우리 노부부를 기쁘게 하는 것은 상장을 받았다고 문자 메시지를 보내오는 날이다. 수학 경시대회에서 은상도 받고, 그리기에서 최우수상도 타고, 통일 글짓기에서도 으뜸상을 차지했다고 자랑을 한다.

　그러던 녀석이 어느 날 영어 공부가 하기 싫다며 투정을 부린

단다. 학원도 가기 싫어서 몇 달을 쉬고 있는 터라서 제 어미 아비가 걱정이 태산이다. 할미인 나도 애가 마른다. 열심히 해도 앞서가기는 어려울 터인데 이 노릇을 어찌하나. 영어 공부를 안 하고 견딜 재간이 있을 리 만무하다. 고심 끝에 전화를 걸었다. 영어를 해야 한다는 구구한 설명은 하지 않고 '백 점짜리 인생' 이야기를 들려주었다.

먼저 알파벳 순서대로 숫자를 붙여 준다. A는 1, B는 2 … y는 25, Z는 26이 된다. 그런 다음 단어를 숫자로 환산해서 점수를 매겨 본다.

열심히 일하면 될까, Hard Work는 98점이다. 열심히 일만 한다고 백 점 인생이 되는 것은 아니다. 그렇다면 지식이 많으면 될까, Knowledge는 96점이다. 많이 안다고 백 점짜리 인생이 되는 것도 아니다. Lucky는 47점이다. 운으로 오는 것은 더욱 아니고, 돈이 많으면 될까, Money는 72점이다. 돈도 백 점 인생은 만들어 주지 않는다. 지도력은 어떨까, Leader ship은 89점이다.

"그럼 백 점은 뭘까?" 질문을 던졌다. 너석은 가만히 듣고만 있다. 내가 대답했다. 답은 Attitude다. 사전에 나오는 Attitude의 뜻은 자세, 마음가짐, 몸가짐, 태도로 나와 있다.

마음이란 무엇인가. "가슴에 묻혀 있는 작은 보물 상자"라고 일러 주었다. 가슴 깊숙한 곳에서 자기를 지켜보다가 홀연히 튀어나오는 아름다운 보석이라는 생각이 들기 때문이다.

조용히 듣고 있던 녀석이 뭔가 느낌을 받았는지 반응을 보인다.

"할머니! 내일부터 학원에 가겠습니다."

보이지도 않고 만질 수도 없는 그 보석을 놓치지 않기 위해 늘 깨어 있어야 하는 것이 삶의 지혜라고 일러 준다. 마음이 중심을 지킬 수 있게 자신을 곧추세워야 한다. 몸과 마음이 바로 된 자세에서 열심히 하면 이루지 못할 일이 없을 것 같다.

백 점짜리 인생을 만들자면 부단히 자기 자신을 채근하며 마음의 근력을 키울 일이다. 항상 긍정적인 생각으로 사물을 바라볼 수 있는 열린 눈을 가져야 할 것이다.

"할머니! 감사합니다. Attitude를 좌우명으로 삼고 열심히 하겠습니다."

"그래. 너는 잘할 수 있어. 힘내라!"

수화기를 놓으면서 잠시 생각에 잠긴다. 지금까지 살아온 내 삶은 과연 몇 점이나 될까. 뒤돌아본다.

유년기는 행복했다. 토끼풀 꽃반지와 감꽃 목걸이는 나를 공주로 만들어 주었고, 설익은 토마토의 그 아린 맛은 달콤한 아이스크림보다 더 그리운 맛이다. 까맣게 익은 오디는 어찌 그리도 달던지. 혓바닥이 빨갛게 물이 배도록 따 먹으면서 신이 내린 간식이라고 믿었다. 안반 머리에 쪼그리고 앉아 있으면 넉넉하게 끊어 주시던 할머니의 국수 꼬리는 지금도 가장 먹고 싶은 과자다. 짚불 아궁이에 넣어 살짝 구우면 벙글벙글 부풀어 올라, 씹으면 바삭바삭 소리를 낸다. 이런 기억들이 나를 행복한 유년의 뜰로 데려다 놓는다. 지극하신 할머니의 따뜻한 사랑에, 부모님이 쳐 주신 담장으로 바람이 부는 소리를 듣지 못했다. 그러나 47점짜리 Lucky를 믿었던 유년은 쏜살같이 지나갔다.

결혼하면서 행운을 가져다준다고 믿었던 신을 원망했다. 예식날을 열이틀 남겨두고 시아버지께서 천상으로 가셨다. 청천벽력이란 이럴 때 쓰는 단어일까. 아버님의 시신을 뉘어 둔 채 보름달도 울어주는 결혼식을 올렸다. 띄우지 못한 청첩장은 오랜 세월을 보내고도 아물지 않는 상처로 남아 신이 벌린 두 팔 안에 내 자리는 없겠구나? 하는 생각을 했다.

'슬픔 속에 성지가 있다' 했던가. 아픔을 준 것은 분명 신의 또 다른 뜻이 있었을 게다. 외풍도 감지 못하는 철딱서니 없는 내게 호된 담금질이 아니었을까. 아픔은 천둥벌거숭이인 나를 철들게 했다. 내 편이 되어 달라고 신에게 간절하게 빌었다. 아니 어떤 경우에도 신은 내 편일 것이라는 최면을 걸며 살았다.

중년기는 앞만 보고 달렸다, 아이들이 태어나고, 집도 마련해야 했으니 돈이 백 점 인생을 만들어 주리라 믿었나 보다. 내가 만든 욕망의 신에게 재물을 바치기 위해 열심히 노력했다. 저녁노을을 보면서도 밭의 넓이를 한 평이라도 넓히기 위해 발가락의 방향은 바깥쪽으로 두고 서 있다. 그럼에도 Money는 72점 인생밖에 안 된다.

　내 삶의 질곡은 욕망이 만든 올가미라는 것을 여섯 고개를 넘기고야 겨우 깨닫는다. 세월은 머리에 서리꽃을 피우고, 살가운 손자 덕에 백 점 인생을 배운다. 마음이 허전해서 넋 놓고 앉아 있으려니 너석의 한 줄 메시지가 배달된다.
　'Attitude.'
　뒤늦게 깨달은 백 점 인생이 저만치서 손짓하고 있다.

5부
보이지 않는 길

"당신이 선택한 길이 늪인지 숲인지는 누구도 알 수 없습니다. 선택한 길이 꽃길이 아닐 수도 있습니다. 로버트 프로스트는 '가지 않는 길'에 대한 마음을 노래했다면, 당신은 내디디고 있는 길에 대해 읊고 싶습니다. 하지만 당신이 가는 길을 당신도 알 수가 없습니다. 보이지 않는 길입니다."

환타지아

 거실이 '환타지아' 향으로 넘친다. 샛노란 꽃잎도 일색인데 살포시 향기 주머니를 터뜨리니 귀여움을 한 몸에 받고 있다. 아침이면 햇살이 창가에 와 머무르고 '환타지아'는 제 몸과 마음을 활짝 열고 향주머니 끈을 풀어 저 혼자 품어 온 뜨거운 속내를 드러내 보인다.
 향으로 말하자면 동양란이 으뜸이고 서양란은 대개 꽃은 화려하고 예쁘지만, 향주머니를 만들지 못한다. 그런데 '환타지아'는 그 향이 놀랍다. 어느 향수 회사가 감히 흉내라도 낼 수 있을까.
 노란 잎새 안으로 살며시 혀를 내민 모습은 날아갈 듯 날렵한 자태로 향기를 솔솔 풍긴다. 연약한 꽃대를 밀어 올리면서 여섯 달을 배슬러 만물이 잠든 사이 애지중지 품었던 제 마음을 다소

곳이 펼쳐 놓았다. 산통의 흔적 없는 단아한 얼굴에서 풍기는 그 은은한 향기에 매료되어 덩달아 내 마음까지 설렌다. 아침저녁 애타게 기다린 보람을 맛본다. 따끈하게 우린 차 한 잔을 들고 행복감에 젖는다. 가냘픈 몸매로 향을 만들어 내느라 여섯 달을 견뎌 온 그 가상함이 애처롭기까지 하다. 나붓이 핀 그 아름다움에 눈을 뗄 수가 없어 연신 코를 들이대며 심호흡으로 그와 마주한다. 사진기의 셔터를 분주하게 눌러 보지만 향기까지 담을 수 없는 것이 안타깝다.

꽃은 그 종류만큼이나 특성도 다양하다. 색깔과 모양이 뛰어나게 아름다운 꽃이 있는가 하면 꽃 모양은 별로이지만 다른 꽃들이 감히 넘볼 수조차 없는 맑은 향주머니로 사랑받는 꽃도 있다. 나무로는 금목서나 호랑가시나무가 향이 뛰어나고, 동양란으로는 '소심'이나 '보세란'도 사랑을 받는다. '환타지아'는 양란인데도 꽃 모양도 곱고 향도 뛰어난, 겉과 속이 아름다움을 겸비한 꽃이다.

사람도 꽃을 피운다. 눈과 눈 사이로 향기를 주고받기도 하고, 마음과 마음 사이로 꽃가루받이 같은 교감이 일어나 피는 웃음꽃이다. 가슴속까지 훈훈한 함박웃음, 소리도 없이 몰래 감추듯 웃는 미소, 남에게 들킬세라 연인에게 살짝 눈으로 짓는 눈웃음. 서로의 감정만큼이나 깊이와 종류도 다양하다. 웃음꽃은 서로를 이해하고 있음을 알 수 있는 아름다운 신호이다.

사람 꽃의 향기는 따뜻함이다. 웃음 속에 따뜻함을 담으면 으뜸 꽃이 아닐까. 중학교 동창생인 한 친구는 잘 웃는다. 얼굴을 마주하기 바쁘게 웃기부터 한다. 타고난 것인지 노력으로 얻어진 것인지는 알 수 없지만, 그냥 웃는다. 그래서일까 그는 유복한 삶을 누리고 있다. 웃음이 먼저인지 행복이 먼저인지는 모르겠으나 두 가지는 함께하는 것 같다.

돌이켜 보면 나는 따뜻한 향기를 담아 웃음꽃을 피운 기억이 없다. 삶을 여유 있게 엮어 온 순간은 떠오르지 않고 그저 무엇엔가 쫓기면서 바쁘게 살아온 기억만 남는다. 삶의 태반이 동동대며 뛰어다닌 날의 연속이었다. 졸라대다 칭얼대며 보채는 아이를 짐짓 모른 채 떼어 두고 눈물을 감춰야 했으니 쌈지 속에는 꼬깃꼬깃 구겨진 추억들만 키 재기를 하고 있다.

우유병 젖꼭지를 막무가내로 밀어내는 둘째를 매정하게 떼어 놓고 직장으로 향해야 했던 그날의 젖가슴은 지금도 아픈 기억으로 남아 있다.

내 삶은 곰삭지 않아서 깊은 향주머니를 만들지 못한 것 같다. 가끔 향기를 담은 사람을 만나면 나도 향기가 되어 마주한다. 사람의 향기는 전이되는 강한 힘을 지녔나 보다. 향 싼 종이에서 향내가 나고 생선을 쌌던 종이에서는 생선 냄새가 난다고 했던가. 사랑을 품고 살아야 사랑의 향기가 날 터이다.

소리 없는 미소 속에 은은한 향기를 담아 웃음꽃을 피우고 싶다.

겉과 속이 고운 '환타지아'가 되고 싶다.

그런 내 마음을 아는 듯 모르는 듯 '환타지아'가 고운 자태로 활짝 웃고 있다.

칠푼 마누라

"이식 군 다녀오리다."

아침밥을 맛있게 끝낸 남편이 컴퓨터 동호회에 참석하기 위해 현관문을 나서며 인사를 한다.

항간에 우스갯소리로 떠도는 이야기가 퇴직한 남편이 하루 세 끼를 밖에서 해결하면 영식님이고, 두 끼를 외식하면 일식 씨, 한 끼를 해결하면 이식 군, 세 끼 마누라 밥상을 받으면 삼식 새끼, 라는 웃지 못할 이야기가 있다. 예의 이식 군은 오늘 점심은 밖에서 해결한다며 목소리에 힘이 들어가고 당당하다.

가장 하기 힘든 세 가지 중 한 가지가 '퇴직한 남편 존경하기'라 한다. 남편이 직장을 그만둔 지도 벌써 여러 해가 지났다. 무엇이 그리 바쁜지 날마다 오라는 데는 없어도 갈 곳은 많다면서 분주한 나날을 보내고 있다.

흔히들 금슬 좋은 부부를 바늘과 실 같다고 한다. 꼭 사이가 좋아서라기보다 어느 한쪽이 없으면 아무것도 할 수 없다는 뜻일 것이다. 우리 부부는 정분이 좋다는 말을 많이 들어 왔다. 그렇다면 그는 어떤 바늘이고, 나는 어떤 실이었을까?

바늘에 찔려서 손가락에 피가 난 적도 있었고, 실이 엉켜 바늘이 오도 가도 못할 때도 있었다. 실은 엉키면 풀어내기가 어렵다. 젊었을 때는 서로에게 익숙하지 않아 실과 바늘이 어긋날 때가 많았다. 실은 때론 바늘귀에 꿰여 있는 것이 억울했고, 가끔은 바늘이 되고 싶을 때도 있었다. 어쩌면 나는 색색의 명주실이 되고 싶었고, 그도 만능 바늘이 되어 주기를 기대했는지도 모른다.

남편은 집안 대소사를 기억하지 못할 때가 많다. 내 생일을 기억하지 못해 무던히도 속을 긁어 놓았다. 이번에는 챙겨 주려나, 미리부터 뾰족하게 날을 세우며 혼자 속으로 죽도 쑤고 국도 끓인다. 오랜 세월이 흐르고 시행착오를 거듭해도 기대는 번번이 빗나갔다. 그럴 때마다 명주실은 매듭을 지어놓고 입을 앙다물었다. 그땐 자상한 세침細針이기를 기대했었나 보다.

바늘의 종류가 어찌 세 침뿐이겠는가. 중침中針, 장침長針도 있고, 돗바늘, 뜨개바늘도 있다. 명주실은 세침에 꿰어야 하고, 뜨개바늘은 털실을 만나야 제격이다.

인생은 나그네가 걷는 마음 길이라 했다. 마음 길은 어둠이 아닌 밝은 여행이 되어야 한다. 서로 남남이 만나 부부 인연으로 먼 여정을 동행하는 것은 서로의 어긋난 부분을 곱게 꿰매 주는 바느질 같은 것이 아닐까. 그리하여 실은 굵은 무명실도 되었다가 털실도 되어야 하고, 바늘 또한 그러해야 하리라.

 달력에 쓰여 있는 날짜에 싸인 펜으로 진하게 동그라미를 그려놓고 '이번 내 생일에는 뭐 사 줄 건데…' 하고 엎드려서라도 절을 받는 게 안 받는 것보다는 훨씬 나을 것 같다. 그도 모르고 지난 뒤에 낭패감을 맛보는 것보다 차라리 서로가 얼마나 마음이 편한가.

 실은 바늘이 없으면 아무것도 할 수 없다. 바늘귀에 걸려 있을 때만 멋진 원피스도 만들고, 이불 홑청도 꿰맬 수 있다.

 이제 남은 날들은 말없이 바라만 보아도 무슨 생각을 하는지 읽을 수 있는 그런 삶을 살고 싶다. 그냥 곁에 있기만 해도 고맙고, 정다운 말 한마디로 하루를 기쁘게 열고, 야윈 손 잡고 잠자리에 들 수 있으면 족하지 않겠는가. 지금의 이식 군보다는, 삼식이 되어 주기를 바라며 한결같이 바늘귀에 꿰여 있고 싶으니 나는 영락없는 칠푼인가 보다. 바늘 끝은 무디어져도 귀만 붙어 있으면, 실은 무명실이든 털실이든 좋으리라.

 외눈박이 비익조^{比翼鳥}가 되어 버린 나는 오늘도 해바라기하며. 그의 칠푼 마누라가 되고 싶다.

수산복해 壽山福海

집안 가득 오월이 넘친다. 거실벽 한 폭을 차지하고 있는 족자의 글귀가 아침 햇살을 받아 빛이 난다. 큰 붓으로 힘 있게 쓴 서체 또한 범상치 않아 드나나나 우리 부부를 흐뭇하게 한다. 며칠 전 어버이날에 아들에게서 받은 선물이다.

몇 해 전에 시작한 붓글씨 교실에서 회원들의 작품 전시회를 열었나 보다. 아직은 턱없이 미숙하고 걸음마 수준이겠지만 감히 용기를 내어, 출품했단다. 그 첫 작품을 엄마 아빠를 위한 글귀로 연습을 하고, 전시회가 끝나자 부랴부랴 가지고 왔다. 글씨를 얼마나 잘 썼는지는 문외한인 우리 부부는 가늠이 안 되지만 그게 뭐 그리 대수일까. 한 획 한 글자에 담긴 그 정성이 어여뻐 여느 국전 작가의 뛰어난 솜씨보다 더 흐뭇하고 대견스럽다.

젊은 시절 한때는 나도 붓글씨를 쓰고 싶었다. 어느 날 퇴근길에 용기를 내어 서예원으로 들어섰다. 원장 선생님은 간단하게 신상에 대해 몇 가지 묻고, 지. 필. 묵을 안겼다. 첫날 쓴 글자는 가로획 긋기였다. 일주일 넘게 연습을 하고 세로획도 배웠다. 재미가 있었다. 그렇지만 한 달도 채우지 못하고 그만두게 되었다. 세 아이의 엄마로서 늦은 시간 짬을 내기란 쉬운 게 아니었다. 하고 싶은 것을 못 한다는 것은 두고두고 가슴 속에 숙제처럼 자리하고 있다.

아이가 크면서 꼼지락대던 욕심이 꿈틀대기 시작했다. 4학년이 되자 특별활동 서예반에 참가시켰다. 처음에는 곧잘 다니더니만 얼마 못 가서 그만두었다. 벼루, 붓, 먹 등 도구 일체도 잃어버렸다. 그러던 녀석이 우연찮은 기회에 붓을 들게 되었다. 아이의 가슴에도 엄마처럼 그때 못한 미련이 숨겨져 있었나 보다.

'수산복해壽山福海' 수명은 산같이, 복은 바다만큼 받으라고 해설지도 함께 가져왔다. 이보다 더 멋진 글귀가 있을까. 이미 복을 바다만큼 받은 느낌이다.

아이들의 효도를 받을 때마다 내 마음 한편은 천근으로 내려앉는다. 어머니가 곁에 있을 땐 까마득히 잊고 있던 일들이 기억 끝에 어김없이 찾아드는 후회들. 삶은 항상 뒤늦게 후회가 온다.

어머니가 떠나던 날은 여름 장맛비가 장대같이 쏟아붓던 늦은 밤이었다.

"네 어미가 갔다." 전화선을 타고 들려오는 아버지의 목소리가 떨고 있었다. 이 무슨 날벼락이란 말인가.

"효도 한 번 못 했는데…" 통곡보다 먼저 토해낸 첫마디였다.

효도란 말이 가당키나 한가. 못난 딸자식이 보석인 양 그리도 내어주고 싶지 않았던 어머니의 사랑을 읽지 못하고 불효했던 죄는 씻을 길이 없다.

사랑의 신은 내 눈을 멀게 하고, 나는 눈 뜬 봉사가 되어있었다. 어머니의 사랑은 볼 수 없었고, 느끼지도 못했다. 어머니의 집요한 반대는 내 사랑에 기름을 붓는 격이 되어 앙탈만 늘어갔다. 자식을 이겨본 부모가 있었던가. 수년 동안의 줄다리기에서 어머니는 힘이 빠졌고 우리는 겨우 허락을 받아냈다.

당신의 뜻을 거역하고 선택한 내 사랑은 신의 미움을 샀다. 신은 어머니의 손을 들어주셨나 보다. 시작도 하기 전에 모진 아픔으로 벌을 내리셨다. 혼인날을 열이틀 남겨두고 시아버지를 데려갔다. 서둘러 치러진 결혼식은 '작수성례' 면사포를 쓴 딸의 모습을 볼 수 없는 어머니의 그 가슴이 오죽했으랴.

어머니는 늦은 여름 소낙비가 세차게 퍼붓던 날 장독대에서 치성을 드리다가 넘어져서 동아줄보다 더 강하다고 믿고 있었던 삶의 끈을 허망하게 놓고 말았다. 생의 사슬을 끊고 빗줄기 속으로 먼 여행을 떠나셨다. 그렇게 한순간에 이승을 마감하는 날이 올 줄이야. 저승사자는 잔인하게도 어머니의 흔적을 말끔히 걷어갔다.

공기의 고마움을 모르고 살아가듯이 언제까지나 곁에 계실 것으로 믿으며 얼마나 소홀했던가를 당신이 떠난 후에야 자책하며 가슴을 친다. 천형처럼 가슴에 맷돌 하나 얹어 놓고 속으로 울게 한다. 철없는 내 사랑에 눈이 멀어 어머니의 기대를 저버렸던 그 불효를 용서해 달라고 단 한 번도 말씀드리지 못했다. 검게 굳어 있을 그 가슴을 살갑게 녹여 드리지 못한 후회는 속죄할 길 없는 안타까움으로 남는다. 꺼내 보고 싶지 않은 아픔이다. 아픔은 세월의 물결도 흘려보내지 못하고 까만 돌멩이로 반들거린다.

어머니에게는 열 손가락 중 가장 아픈 손가락이었을 터인데, 스스로 미운 오리 새끼가 된 나는 갈퀴로 연못이 아닌 어머니의 가슴을 헤집고 다니다가, 오늘도 노을이 내려앉은 연못에서 엄마 없는 하루가 지나간다. 연못에 한 자락씩 그늘이 포개질 때 피딱지 같은 상처는 아물지 못하고, 살랑거리는 바람결에도 그때의 기억을 떠올리게 한다.

철없는 내 사랑밖에 볼 줄 모르던 두 눈에 그렁그렁 눈물방울이 달린다. 어머니의 가슴에 따뜻한 햇살이 비칠 수 있도록 앞으로의 하루하루를 반듯하고 훈훈하게 살아내야 할 것이다.

'수산복해壽山福海' 반짝이는 족자 위로 어머니의 영상이 어른거린다. 내일은 어머니를 뵈러 가야겠다.

빗장

　더위를 쫓던 부챗살을 채 접기도 전에 서늘한 바람이 머리맡에 와서 서성인다. 가을은 여름보다 훨씬 빠르게 지나가 버린다고 해마다 아쉬워했었는데, 어느새 한낮의 부드러운 햇살이 창가에 머무르고 있다.
　괜히 알 수 없는 바람이 분다. 시장기 같은 외로움이 바삭거리고 우울함이 허한 가슴을 채우려 든다. 이 방 저 방을 서성거리다가 찬 바람이 불기 전에 뭔가를 해야 할 것 같아 옷장 정리를 하기로 했다. 여름을 다 보내고도 바람 한 번 쐬지 못한 옷들이 옷걸이에 걸려 졸고 있다. 멀쩡하지만 유행에 떼밂을 당하여 거들떠보지 않은 옷들. 그런데도 과감하게 버리지도 못하니 어쩌면 허섭스레기와 함께 뒹굴고 있는 것은 아닐까. 버릴까 하다가도 다시 접어 제자리에 넣는다. 한 가지 사면 두 개 버리라고 버릇처럼 말은 하지만 두 개를 사고 한 가지도 못 버린다. 하나를 버릴 때마다 머뭇거리고, 나중에 어쩌면 필요할지 모르는데 하는 생각에 손을 잡아 묶는다. 탐욕의 끈질긴 유혹이다.

 이불장을 열었다. 침대를 쓰게 되면서 한 번도 덮지 않은 솜이불이 그대로 있다. 어머니의 손길이 묻어 있다는 그리움으로 지금껏 그냥 두었다.

 작은 방으로 갔다. 오랜 세월 닫아두기만 했던 반닫이 고리도 열어본다. 별로 쓸모도 없는, 다 버려도 아깝지 않을 것들을 보물인 양 챙겨 두었다. 저마다 나름의 사연을 담고 있어 만지작거리기만 하다가 문을 닫는다. 그 순간 오만 가지를 쟁여두었던 내 마음을 보는 것 같아 굳게 잠겨있는 마음의 빗장을 슬몃 열어본다.

 먼저 기억의 방문을 노크한다. 나이테 탓일까, 빗장에는 녹이 슬어 있고, 온갖 잡동사니들은 제자리를 찾지 못하고 얼키설키, 구분할 수가 없다. 정리할 엄두도 못 내고 철커덕 문을 닫아버린다. 부끄러운 자성이 오랫동안 머릿속을 헤집고 다녀 얼굴이 붉어진다.

 다시 열정의 방문으로 들어선다. 200촉광으로 이글거리던 푸른 날의 불빛은 10촉으로 사그라지고 깜박거리며 불씨만 남아 애처롭다. 서글픈 억지로 붙잡고 있으니 군불이라도 지피면 데워지려나.

다음은 꿈의 방문을 기웃거린다. 별같이 빛나던 소망은 아침 이슬처럼 사라져 버렸다. 젊음은 퇴색되었고, 내 노래는 리듬을 잃었다. 슬픔만 잔잔하게 깔려있다.

마지막으로 욕망의 방문을 연다. 하루에 열 번도 넘게 열었다 닫았다, 를 거듭해서 빗장의 둔태가 다 닳았다. 여느 방보다 오랫동안 유난히 빛바래지 않는 유일한 방. 어느 순간에는 그득하게 찬 것 같아 다 놓아야지 하고 빗장을 열었다가도 돌아서면 광이 덜 찬 것 같아 더 채우려고 안달을 한다. 마음은 언제까지나 욕망의 문고리를 놓지 못하고 바둥거린다.

퇴직 기념으로 순금 팔찌를 장만했었다. 금값이 치솟으면서 팔찌값은 천정부지로 뛰었다. 기념품이 투자로 살짝 모양새를 바꾸면서 잘했다는 만족은 잠시고 그때 목걸이도 하고 반지도 할걸…. 후회가 더 크게 마음을 흔들고 있다. 속물근성과 허위의식은 노화를 모르나 보다. 허욕은 내려놓고 푼푼한 마음으로 누군가를 위한 자리를 마련해 봐야겠다. 얻는 것보다 더 어려운 것이 내려놓는 것이려니.

내 마음의 창에는 늘 빗장을 걸어 놓았다. 속이 들여다보이지 않도록 굳게 닫아 둔 것 같다. 열어 둘 수 없다는 것은, 뭔가 마뜩잖은 부분이 있을 것이다. 잦아들지 않는 욕망과 앞을 모르는 이기심으로 온통 때 묻고 뒤틀려서 감정이 이성과 씨름을 하고 서

푼 어치의 양심은 애가 마른다. 남이 탐할 아무것도 없으면서 문을 꼭꼭 잠그고 살아간다. 이제부터라도 빗장을 열고 탐심으로 가득 찬 방도, 마음의 곳간도 활짝 열어야겠다. 하루 스물네 시간 중 단 일 분이라도 즐거우면 그것은 행복이라 했다. 감사한 마음으로 세상을 바라볼 수 있는 촉촉한 가슴이 있다면 그것이 행복이고 축복이지 싶다. 내게 주어진 세월을 거스르지 않으리라 다짐하며, 가을볕 가득한 창가에 서서 청명한 하늘을 본다. 빗장을 열면 내 영혼이 가을 하늘처럼 투명해질 수 있으리라 믿어 본다.

도전

받아놓은 날이 왔다. 호텔 연회장은 우정의 열기로 후끈거린다. 이쪽, 저쪽에서 서로 얼싸안고 장내가 들썩거린다. 얼마 만인가. 짧으면 일 년, 길면 몇 년 만에 만난 친구도 있다.

졸업한 지 어언 58년이 되었다. 해마다 전국 동기회를 서울, 대구, 안동으로 돌아가면서 하고 있다. 졸업할 때는 200명이었으나 세월을 보내면서 동기회 참석자는 줄어든다. 유명을 달리한 친구도 있고, 건강이 허락하지 않아 참석 못 하는 이도 있다.

올해는 안동에서 모이게 되었다. 안동 지구 회장은 전에 없던 프로그램을 살뜰하게 구성했다. 대구 여학생들에게 〈대니 보이〉와 〈유 레이스 미 업〉 두 곡을 원어로 불러 달라는 것이었다. 이 나이에 무슨 원어가 가당키나 한 거냐고 처음에는 손사래를 쳤다. 나이 칠십 고개를 넘으면, ○○ 대학을 나온 놈이나 마산 ○○를 나온 녀석이나 별반 다를 것이 없다는 우스갯소리가 있듯이 자신이 없다는 것이다. 그런데 몇몇 친구들이 해 보자는 의견이 나왔다. "우리가 어디 보통 할매냐?"며 자화자찬으로 추임새를 넣는다. 연습하면 할 수 있을 거라고 기를 살려준다. 우선은 가사를 외우는 것이 힘들겠지만 치매 예방을 위해서라도 한번 해 보자는 의지를 보였다.

보름 남짓 연습을 했다. 〈대니 보이〉는 학창 시절에 즐겨 불렀던 곡이라 재생이 쉬웠지만, 〈유 레이즈 미 업〉은 멜로디는 듣기는 했어도 가사는 정확하게 외우기가 힘들었다.

개인기와 지구별 장기 자랑이 이어지고, 우리 차례가 왔다. 두근두근, 떨리는 마음으로 무대 위에 섰다. 피아노 반주에 맞춰 목청껏 불렀다. 담소로 왁자지껄하던 장내가 조용해지고, 열띤 박수로 화답한다. 여기저기서 핸드폰으로 사진을 찍느라 불빛이 번쩍인다. 짓궂은 남학생은 휘파람을 날린다.

"오 대니 보이 더 파입스 더 파입스 아 콜올링…."

〈대니 보이〉는 일찍이 전쟁터로 가는 아들을 보내며 아일랜드의 부모들이 부른 노래이다. 영국이 지배하고 있던 아일랜드의 젊은이들은 조국의 자유와 독립을 찾기 위해 싸움터로 떠나갔다. 돌아오지 못할 아들을 그리워하는, 안타까운 부모의 정을 담은 노랫말은 전 세계 부모들의 마음을 처절하게 대변한다. 기다림과 조바심에 지쳐 무덤에 묻히더라도 네가 돌아만 오면 행복하리라고 노래하는, 기약 없는 이별을 슬퍼했던 곡!

'여름은 떠나갔고, 장미들도 시드는데, 이제 너는 떠나야만 하고, 우리는 남아 널 기다린다.'

일찍이 우리나라에도 상륙하여 〈아, 목동아〉를 제목으로 현제명이 노래했다. 꼭 61년 만에 함께 불러보는 노래. 아스라한 추억이 안개처럼 피어오른다.

연습 기간의 재미도 쏠쏠했다. 대구 수목원을 한 바퀴 돈 후에 정자에 둘러앉아서 준비한 악보를 펴 들고 음을 다듬으며, 화음을 맞추느라, 연신 곁눈질을 하기 바쁘다. 헐떡거리는 숨을 고르느라 힘이 든다. 하지만 노래 연습보다 더 기다려지는 것은 저마다 준비해 온 간식이었다. 어렸을 때 소풍 나온 것처럼 들뜨고 신이 났다.

도전은 아름다운 것이다. 포기하지 말고 서툴러도 해 보는 것이다. 늙었다고 꿈마저 버리면 마음의 주름살이 깊어진다고 하지 않던가. '지금도 할 수 있다' 자신감을 버려서는 안 되겠다. 내 안의 욕구를 삶의 가능성으로 삼고 도전하는 것은 늙어가는 현실에서 벗어나게 하는 최고의 명약이 아닐까.

내년에는 또 어떤 과제가 돌아올까? 벌써 기다려진다.

세월이 소리 없이 나를 휘감아 가며 하나둘씩 거두어가고 있다. 작은 성취가 자존감을 느낄 수 있게 해 준 뿌듯함! 희망을 꿈꿀 수 있는, 내가 조금씩 달라져 가고 있음을 느낀다. 바삭바삭 건조한 일상에 활력을 선물한다. 새로움은 도파민의 분비를 촉진시켜 즐거움으로 다가온다. 도전의 기쁨을 삶에 들여 본다. 희망이라는 꽃이 보인다. 새로 맞이하는 노년의 인생은 순전히 내 손으로 가꾸어야 하는 꽃이리라. 꿈이 있는 한 나이가 뭐 대수냐.

전쟁터만 전장인가. 삶의 여정도 전쟁터가 아니겠는가. 청춘을 가방에 둘러메고 삶의 현장으로 떠나는 아들, 딸들을 위해서 멋지게 한 곡 불러주고 싶다.

띄우지 못한 청첩장

그날 진눈깨비가 풀풀 흩날리는 초겨울 날씨는 을씨년스럽고 스산했다.

오늘도 잔뜩 찌푸린 하늘은 진눈깨비를 뿌리고, 지워지지 않는 아픔이 되새김질을 하며 하염없이 눈물이 흘러내린다. 해마다 첫 눈이 내리는 날은 아픈 기억들이 되살아나 가슴앓이를 하고, 그 날의 내 울음소리가 아직도 귀에 쟁쟁하다.

녹아내린 간장을 쓸어내리시려는 듯 쌓인 눈도 없는데 마당을 쓰시는 비질 소리는 이불을 덮어쓰고 울고 있는 내 귓전을 할퀴 듯 신경질적으로 들렸다. "지 눈 지가 찔렀지, 숱한 좋은 혼처 다 마다하고…" 독백처럼 뱉어내시는 어머니의 타박.

헛비질이라도 하지 않고는 어떻게도 할 수 없는 비통한 상황에

박복한 딸년의 신세가 한탄스러웠을 것이다. 혼례 날을 열이틀 남겨두고 바깥사돈의 부음을 접한 어머니의 내려앉은 그 가슴이 오죽했으랴.

오랜 기다림 뒤에 결혼식 날짜가 잡히고, 나는 그이와 대구에서 만났다. 청첩장도 찾고, 주례 선생님도 뵙고, 웨딩드레스를 입어 보고 고르면서 한껏 들뜨고 행복에 취해 구름다리를 건너고 있는 선녀 같은 착각에 빠지기도 했다. 다음 날 그이는 직장이 있는 춘양으로, 나는 집으로 돌아왔다.

별난 사랑에 하늘이 시샘한 것일까, 아버님이 편찮으시다는 전갈이 왔다. 시작도 하기 전에 시련은 우리를 시험하려나 보다.

다음날 늦은 오후, 아버님이 운명하셨다는 부음이 전해 왔다. 그이는 그날 중학교 입학시험 감독을 하느라 임종조차 하지 못하고, 밤이 이슥해서야 도착했다.

막차가 도착하는 시간에 맞춰 정류소에서 기다리고 있던 마을 어른들께 낚아채다시피 영문도 모른 채 끌려서 우리 집으로 왔다. 이건 아니라고 떼를 쓰며 부정했지만, 숨 돌릴 겨를도 없이 모든 것은 정해진 각본처럼 거역할 수 없는 힘에 의해 진행되고 있었다.

그것은 양가 어른들의 논의 끝에 내려진 결론으로, 작수성례로라도 예를 치른 후 상주로서 도리를 다하는 게 자식으로서의 효라는 걸 강조하셨다. 법보다 더 존중되어야 하는 반가班家의 예

앞에 그이와 나는 그저 대책 없는 철부지 어린아이일 뿐, 우리의 바람이나 꿈 같은 건 부질없는 투정으로 받아들여졌다. 아버님을 보낸 슬픔에 가려 애써 감추려는 그이의 내게 대한 부담감도 진하게 묻어났다. 자기의 잘못이 아닌 운명의 굴레 속에 나를 끌어들인 건 아닐까 하는.

작수성례酌水成禮

차고 어두운 겨울밤 마당에 멍석 한 닢 깔고, 소반에 냉수 한 그릇을 마주하고, 통곡하며 절 두 번으로 우리의 결혼식은 끝났다. 외아들인 그이는 그 길로 오열하며 아버님 앞에 엎드렸고, 나도 뒤따라 입은 채로 가서 며느리로서 상주 노릇을 했다. 휘영청 밝아야 할 보름달도 울고 있는지 보이지 않았다. 면사포 대신 터드래를 쓰고, 웨딩드레스는 누런 삼베옷이 대신했다.

가신 어른이 가엾어서 목 놓아 울었고, 내 몰골이 한심해서 몸부림치며 통곡했다. 인정하고 싶지 않은 죽음 앞에 슬픔이 쌓여 아픔으로 가슴 밑바닥에 자리를 잡았다. 스물다섯 해가 되도록 죽음이 어떤 것인지도 모르고 철없이 살아온, 고삐 없는 망아지 같던 나는 참으로 암담하고 처절했다.

한번 뵌 적도 없는 낯선 친척들이며, 새색시여야 할 내가 외며느리 상주라니…. 끊어져서는 안 된다는 곡소리는 더욱 견디기 힘이 들었다. 흑흑 흐느껴 울 줄만 알았지 리듬을 타면서 "아이고, 아이고" 소리 내어 울기란 수월치 않았다.

"어떻게 이런 일이…." 안쓰럽게 위로해 주는 그 눈길들도 천방지축 살아 있던 내 자존심을 건드리며 지나갔다. 바람 한 점 일지 않는 양지에서만 살아온 것 같은 내게 너무나 매몰찬 회오리가 한순간에 덮치고 지나가 버려 나는 표현되지 않는 내 언어의 한계를 절감했다. 삶과 죽음의 거리가 열이틀도 안 되는 거리란 걸 상상조차 하지 못했고, 또한 생사를 관장하는 절대 신의 권한 앞에 내 청첩장 같은 것은 아무런 뜻도 의미도 부여할 수 없는 하찮은 것임을 나는 알지 못했다.

반혼제를 지낸 후 당신의 유품을 태우면서 그이와 나는 띄우지 못한 청첩장을 아버님의 유품 위에 던져 넣었다. 불꽃은 잠시 슬픈 듯이 일렁이다가 홱 바람을 일으키며 타들어 갔다. 이글거리는 불꽃 사이로 내 꿈도 불꽃이 되어 날아가 버리고 한 줌, 재만 남았다. 바람에 채이듯 흩어져 날아가 버린 꿈을 향해 내 통곡은 소리조차 내지 못했고, 순간 나는 하늘도 땅도 보이지 않았다.

띄우지 못한 청첩장이 고리짝에 몇 장 남아 있다. 보석보다 더 소중하게 간직해 온 까닭은 아직도 내 가슴속 한 귀퉁이엔 스물다섯 새색시의 고운 꿈들이 숨어있는 청첩장만큼 남아 있음일까.

갈 곳을 잃어버려 숨어있는 청첩장. 생을 마감하는 날 내 유품을 태우면서 마지막 불꽃 속으로 띄워 보내겠지. 그날이 언제쯤일지는 기약하고 싶지 않지만 분명한 것은 수취인의 이름도 주소도 쓸 수 없다는 것이 너무 슬프다.

나는 고리짝 속에 간직해 온 청첩장을 꺼내 들고 면사포를 쓰고 웃고 있는 예쁜 내 모습을 눈물방울 속으로 떠올려 본다. 알 수 없는 서러움과 아련함으로 가슴이 아리다. 깊게 자리 잡은 아픔은 애써 지우려 안간힘을 써도 아물지 않는 상처가 되어 늘어나는 나이테와는 무관하게 한으로 남아 있다.

여자에게 웨딩드레스는 단 한 번 꿀 수 있는 아름다운 꿈인 것을….

지게 위의 꽃다발

 알람이 요란스럽다. 새벽이 깨어나기도 이른 시간에 두 눈은 게으름을 단 채 겨우 일어났다. 일찍 서둘러야 혼잡한 행렬보다 먼저 도착할 수 있다는 짐작으로 진달래꽃 축제를 보러 가기로 했다. 작년 이맘때는 입구까지 가 보지도 못하고 늘어선 차량에 질려서 돌아서지 않았던가.
 예상은 적중했다. 서둘러 출발한 덕에 차는 무리 없이 달리고 차창으로 전해지는 봄소식은 가슴을 설레게 한다.
 소담스럽게 핀 봄꽃 향기를 소슬바람이 실어 나르고, 미처 피지 못한 응달쪽 꽃들은 발그레 터지는 소리가 바람결에 묻어오는 듯하다. 나무란 나무가 다 연둣빛과 연초록의 잎을 내어 봄을 노래하고 밭둑에는 조팝나무가 꽃으로 활짝 웃고 있다. 봄의 풍경은 한 폭의 채색화가 아닌가.

한번 쉬지도 않고 용을 쓰며 걸었다. 가파른 언덕을 오르고 산모롱이를 돌아 부지런히 능선을 따라갔다. 가쁜 숨을 몰아쉬며 산마루에 앉았다. 흐드러지게 핀 진달래 무리에 꽃 멀미가 날 것 같아 잠시 눈을 감았다. 까맣게 잊고 살아온 세월의 저쪽에서 아련히 떠오르는 아버지의 나무 지게 위에 핀 진달래 꽃다발이 활짝 웃으며 내게로 달려오고 있다.

옆집 끝놈이, 뒷집 말숙이 아빠가 먼 산에 나무를 하러 갔다. 친구 아버지는 나뭇짐 꼭대기에 진달래 꽃가지를 꽂고 강둑을 따라 동네 어귀로 들어오신다. 나는 그 진달래꽃을 너무 가지고 싶었다. 그런데 아버지는 한 번도 먼 산에 나무를 하러 가시지 않았다. 가끔 머슴을 보낼 때는 있었지만 아저씨는 진달래꽃을 꺾어 오지 않았다. 동생을 꼬드겨 아버지도 먼 산에 나무를 하러 가시라고 함께 보채고 졸랐다.

어느 날인가 아버지는 머슴을 앞세우고 달뫼산으로 나무를 하러 가셨다. 어머니께 호되게 야단을 맞으면서도 속으로는 좋기만 했다.

종일 아버지를 기다렸다. 해가 중천에 떠 있을 때부터 동구 밖 어귀에서 강둑 쪽으로 멀리 더 멀리 눈길이 갔다. 어쩌면 아버지보다 진달래 꽃가지를 더 기다렸는지 모를 일이다. 해그늘이 질 무렵 아버지는 나무 지게 위에 꽃가지를 높이 꽂고 오셨다. 나무

둥치보다 꽃가지가 더 많은 것 같았다. 내가 원하면 무엇이든 다 해줄 것 같은 그 당당한 모습은 개선장군처럼 근사해 보였다.

나는 동생과 얼싸안고 폴짝폴짝 뛰면서 좋아했다. 잽싸게 장독 뚜껑에 물을 받아 꽂아 두고 한 가지씩 나누어 가졌다. 가위, 바위 보를 해서 이기면 한 송이씩 꽃 따먹기 놀이를 밤이 늦도록 했다.

꽃 맛은 너무나 달콤하고 향기로웠다. 다음날 학교에 가서도 머릿속은 온통 진달래 생각뿐이었다.

딸부자로 소문난 우리 집은 딸이 내리 넷이다. 할아버지 회갑년에 태어난 언니는 귀여움을 독차지했고, 아들을 바랐던 둘째가 또 딸로 태어난 나는 언제나 다리 밑에서 주워 온 아이였다. 넷째 딸을 낳았을 때는 첫국밥도 안 드시고 울먹였다는 안타까운 이야기를 훨씬 자라서 할머니로부터 전해 들었다. 아들을 기다리는 조바심 속에서도 엄마는 행여 딸들의 마음이라도 다칠세라 전전긍긍하셨고, 아버지도 큰 소리로 야단 한 번 치지 않으셨다. 그래도 이 눈치, 저 눈치 먼저 알아차리고 헛기침 한 번으로도 쥐 죽은 듯 조용해졌고 어쩌다 아버지께 칭찬을 듣는 날은 아무것도 안 먹어도 배가 불렀다. 학교에서 일찍 돌아와 숙제를 끝내고 동생과 놀아 주기라도 하면 아버지는 빙그레 입가에 미소만 담았다. 감질나던 아버지의 사랑 표현법은 그냥 그렇게 미적지근하게 느껴졌고, 나는 늘 목말라 있었다.

눈을 뜨고 꽃잎을 한 줌 따서 입에 넣었다. 단맛도, 향내도 느껴오지 않는다. 미각의 촉수가 무디어진 탓인가. 바람 한 자락이 콧등을 건드리며 지나간다. 환하게 웃고 있는 아버지의 영상이 바람 따라 멀어져 가고, "아버지" 하고 불러 보지만 산울림만 외로이 산을 넘는다. 다가왔던 봉우리도 물러서 멀어져 가고 들릴 듯한 대답 대신 산 그림자만 무심히 손을 젓는다. 왠지 모를 서러운 눈물이 주르륵 흘러내리며 아버지의 나무 지게 위에 핀 달콤하고 향기로운 꽃 맛이 혀끝에서 맴돈다. 꽃보다 더 감미로운 아버지의 사랑 맛임을 그때는 알지 못했었다. 다리 밑에서 주워 온 것도 당신이라며 안심시켜 주셨던 속정 깊은 사랑을 이제야 알아차리다니.

산등성이에서 힘들게 꽃가지를 모으면서 어린 딸에게 줄 꽃다발을 만드신 아버지에게 나는 당신의 꿈이었고 기대였다는 것을 긴 세월의 끝자락에서 겨우 깨닫는다.

아카펠라

 나팔꽃이 트럼펫을 부는 아침이다. 새벽길 걷는 사람이 첫 이슬을 턴다고 했던가. 길게, 그리고 깊게 숨을 들이마신다. 숲을 헤집고 쏟아지는 아침 햇살과 산새 소리, 인적 없는 숲길을 걷는다. 사부작사부작 걸어가는 발길에 싱그러운 바람의 냄새가 묻어난다.
 바람이 소리를 만나면 소리는 혈관을 타고 내 몸 전체로 오케스트라의 조화로운 음을 들려준다. 오케스트라의 생명은 각 악기가 내는 음률의 어울림에 있다. 악기들은 개성이 뚜렷한 자기의 소리를 내지만 전체 소리는 어긋남이 없이 부드러운 화음으로 살아 숨 쉰다. 온갖 새들이 찾아와 제각각의 노래를 부른다. 하나도 혼란스럽지가 않다. 숲에 들면 영혼을 어루만지는 자연의 소리에 순화되어 마음은 깊어지고 삶은 활력을 느끼게 된다.

　오케스트라의 지휘자는 바람이다. 숲은 온갖 새들과 풀벌레들을 불러 모아 품으며 각양각색의 음률과 음색을 조율하고, 자연의 코러스를 들려준다. 그것은 아카펠라다. 단 한 번의 연습도 없었을 텐데 서로의 믿음은 어디서 오는 것일까. 무반주로 부르기 때문에 어느 한 마리의 새소리라도 음정이 흔들리면 합창은 와르르 무너지기 십상이다. 그런데도 어디쯤에서 소리를 내야 하는지를 직박구리, 뻐꾸기, 찌르레기까지도 높고 낮은 환상적인 어울림을 만들어낸다.

　바람이 엮어내는 코러스는 경건하기까지 하다. 화음은 물론이고 리듬감까지도 보석처럼 빛난다. 나뭇잎에서 나뭇잎으로 건너가는 빗방울이 새들의 소리를 타고, 이 나무에서 저 나무로 순한 말들을 옮기는 바람의 혀는 조곤조곤 오래된 시간의 악보를 가지 끝에 내걸었다.

　바람의 소리에 귀 기울이고 있노라면 아버지가 들려주던 합창곡이 멀리서 은은하게 들려온다. 아버지는 아카펠라를 지휘하셨다. 악보도 반주도 없는 소리를 잘도 엮어 내셨다. "간다. 간다. 떠나간다. 문전옥답 다 버리고…." 행상行喪이 나갈 때 머리 부분에서는 망자의 구겨진 삶을 굽이굽이 펼쳐내어 듣는 이의 가슴을 시리게 했고, 이어지는 뒷부분에서는 자식들의 안타까움을 구슬프게 풀어내어 남은 자들의 애간장을 후벼 팠다. 상여를 메고 가는 상두꾼들도 휘청거렸다. "어허~어 어허~어 어화 넘자. 어허~어" 슬프고 애잔한 상엿소리는 긴 여운을 남겼다. 길옆에 늘어선 조상객들까지도 망자와의 아릿한 배웅으로 자리를 뜨지 못했다. 아버지가 선소리를 매기면 상여를 멘 상두꾼들은 추임새로 화답했다. 화음은 그 어떤 악기로도 흉내 낼 수 없는 천상의 합창이었다. 대본도 없는 대사를 한순간의 머뭇거림도 없이 잘도 이어갔다. 나는 그런 아버지가 부끄럽고 싫었다. 하필이면 저승길을 안내하는 일에 왜 앞장을 설까 원망스러웠다.

어느 날 용기를 내어 아버지께 여쭈어보았다. 어떻게 아버지는 가신 분의 일생을 훤히 꿰고 계시느냐고. 다시는 하지 말았으면 좋겠다고. 아버지의 대답은 의외였다. 사람의 저승길은 매한가지라고. 다시 돌아올 수 없기에 누구든 먹먹하고, 모든 사연들을 풀어내고 가야 그 길이 험난하지 않을 거라고. 망자의 걸음이 조금이라도 가벼워질 수 있도록 아버지가 도와주신다고.

이제 더 이상 세상에 왈가왈부하지도, 생존에 집착해야 할 이유와 의미도 공허하다. 다시는 세상을 줍지 않아도 좋다. 평생 하늘을 향해서라도 큰소리 한 번 제대로 질러 보지 못한 삶의 남루와 회한도 모두 내려놓고 훨훨 날갯짓으로 오를 수 있도록 염원을 담아서 빌어드리는 것이라고 하셨다. 그때는 너무 어려서 당신의 말씀이 무슨 의미를 지녔는지 잘 알아듣지도 못했다.

봉분을 만든 후 꼭꼭 밟으며 달구질하는 구슬픈 소리에 산천도 울고 나무도 흐느꼈다. 이름 모를 새들도 날아와 울어대는 아카펠라는 세상 어떤 진혼곡보다도 깊게 새겨져 있다. "이제 가면 언제 오나…." 한을 토해내는 아버지의 얼굴은 꾸밈없고 참되었다. 아마도 천국의 문을 두드리는 의식이 아니었을까.

바람에도 마음이 있나 보다. 바람이 슬픈 마음이 들 때면 촉촉한 눈물을 여름비에 담고, 이 산 저 나무를 정처 없이 걸으며 운다. 바람은 내 가슴에도 비를 뿌린다. 세월은 흘러 아버지도 숲의 품에 안기셨다. 이제 당신도 바람이 되어 나뭇가지 끝에서 화음을 만들고 계실 것만 같다.

외롭게 선 한 나무가 보인다. 이정표처럼 서 있는 늙은 오동나무가 꼭 아버지를 닮았다. 오동나무는 천년을 늙어도 그 음률은 간직한다고 했던가. 수줍은 뱀딸기처럼 어느 틈에 꿈꾸듯 나도 기대앉아 있다. 기억의 갈피 속에 숨었다가 잊었다 싶으면 고물고물 기어 나오는, 속 깊이 묻어둔 아픔들이 선명하게 돋아난다. 지워지지 않는 기억의 언덕배기에 서 있는 오동나무. 깊게 새긴 흔적이 가슴을 휘젓고 지나간다. "이제 가면 언제 오나…."

다시 천천히 걷는다. 소나무 숲에 이는 솔바람 소리에는 신비로움이 가득하다. 온 세상을 잠재울 듯 무아의 경지로 스며들게 한다. 근원적 안락함이라고 할까. 엷은 바람과 마주하면 흐르지 않는 시간이 거기 있다. 분명 때 묻지 않은 청아한 솔바람 소리는 욕망의 사단四端을 붙들어 매고 찌든 마음을 추스르게 하는 힘을 지녔다. 성찰의 바람이 내 등을 스친다. 바람이 만들어내는 하모니 속에서는 비참과 죽음까지도 넘어서는 생명의 강렬함이 전해져 온다. 그 순수한 숨결은 감히 희열을 느끼게 하는 행복감으로 출렁인다. 그것은 천국에서 들려오는 아버지의 노래인가 싶다.

별난 딱따구리의 부리도 음악이 되어 장중한 자연의 아 카펠라에 더해진다. 나는 들풀처럼 솔바람에 등을 기댄다. 조심스럽게 내 노래도 얹어본다.

바람이 적어 보낸 나뭇잎 악보가 어깨에 배달된다.

팡파르

 드디어 오늘 아침 나팔을 불었다. 천사의 소리인가 거실 가득 은은하게 울려 퍼진다. 옆에 있는 초록 친구들도 덩달아 재잘재잘 들썩거린다. 창가에 앉은 화분들이 한껏 들떠있다. 오늘은 기쁜 소식을 들을 수 있을 것 같은 기대감으로 평소보다 조금 일찍 일어났다. 어제저녁 꽃봉오리가 벙글어서 밤새 필 것 같았기 때문이다.
 돌아오지 못할 그 사람을 기다리며 연가라도 부르는 것일까. 꽃이 입을 벌리는 데도 3시간을 기다렸다. 활짝 웃는 환희의 순간을 카메라에 담아두기 위해 설레는 마음으로 화분 주위를 맴돈다.
 6월 모임에 단독주택에 사는 친구가 꽃모종을 심어서 한 분씩 나누어 주었다. 이제 겨우 본 잎 2개가 나온 나팔꽃 모종이다. 이 놈이 자라서 언제쯤 꽃을 피울 수 있으려나 기대 반, 염려 반인 표정들이었다. 달포가 지나자 여기저기서 나팔 소리가 들리기 시작했다. 카톡 방을 뜨겁게 달군다. 집집마다 예쁜 꽃을 사진으로 전송하면 바로 축하 인사로 까꿍, 까까꿍이 이어진다. 꽃 중에서도 하찮게 지나쳐버렸던 나팔꽃이 이렇게 삶의 활력소가 되리라고는 짐작도 못 했다. 자연은 묘한 힘을 지닌 듯하다

우리 집 모종은 키만 크고 꽃눈은 찾기 힘들었다. 아침마다 실눈을 뜨고 찾아봐도 잎만 무성하고 줄기가 천장에 닿을 만큼 위로만 오른다. 하기야 베란다가 없으니 감고 올라갈 창틀도 없고, 시원한 바람도 불어오지 않으니 무슨 재미가 있어 꽃을 피우랴. 종일 들어오는 햇빛도 자외선이 차단된 유리를 건너왔으니 어느 것 하나 꽃눈을 달 수 있는 환경은 아니다.

생각 끝에 바람과 햇살이 들어오는 창가로 자리를 옮겨 주고 긴 막대를 구해서 지주도 세워주었다. 남편은 애를 태우는 내가 안쓰러웠던지 화분을 아파트 정원에 내놓으라고 했다. 그것도 좋은 방법이긴 하지만 두 달 넘게 정성을 다해 기다린 시간이 아까워 한 송이라도 꽃을 보고야 말겠다고 버티었다. 어느 날 잎이 난 자리에 꽃눈이 보였다. 나도 얼른 카톡 방으로 소식을 전했다. 우리 집 나팔도 지금 조율 중이라고. 마지막 연주는 내가 책임지겠다고 큰소리쳤다. 그 꽃눈이 보름을 기다리게 하더니 오늘 아

침 이른 시간에 '빵빵' 하고 나팔을 불었다. 꽃잎의 반경이 10센티를 넘는다. 덩달아 큰 눈, 작은 눈들이 줄기마다 신이 났다. 같은 시간에 태어났어도 먼저 필 수도 있고, 나중에 피는 꽃도 있다. 거름도 주고 물도 목마르지 않게 부지런히 주는데 왜 꽃눈을 달지 않느냐고 닦달했던 내가 무안해졌다.

꽃을 보기 위해서 정성을 쏟았을 뿐인데 꽃이 삶으로 다가온다. 삶도 그렇지 않던가. 앞서가는 이도 있고, 느릿느릿 서두르지 않아도 종점 가까이 갈수록 편해 보이는 이가 있다. 나팔을 먼저 분다고 꼭 좋은 것은 아닐 수도 있겠다. 옆 사람의 나팔소리에 마음이 급해서 목이 말랐다. 짚고 일어설 작은 막대라도 하나 있다면 삶이 얼마나 수월할까 싶었다. 나팔꽃 넝쿨처럼 생生을 타고 오르려고만 한 것 같다. 누군가를 위해 나팔 한 번 불어 본 적이 있었던가. 저토록 맑은 웃음을. 목젖이 다 보이는 순수한 웃음을 건넨 적도 떠오르지 않는다. 속을 채우기보다 키를 키우기에 골몰했던 부질없는 삶을 살아온 것만 같다.

나팔꽃을 앞에 두고 앉았다. 구불텅한 나팔꽃 줄기에는 나비의 못다 춘 춤사위가 나팔 라팔 날아오르고, 입을 크게 벌린 것을 보면 할 말이 무척 많은가 보다. 볕살을 마주한 꽃눈은 끝없이 노래를 이어간다.

심장을 도려내는 아픔을 다독여 나지막한 목소리로 불러보는 회한의 연가인가. 저 고운 얼굴은 원님이 빼앗아 간 아내의 초상

화였다니. 성벽 아래에 묻은 초상화에서 돋아난 꽃이 나팔꽃이고, 그 꽃은 성벽 안에 갇힌 아내를 만나기 위해 벽을 타고 오른다. 아내가 너무 예뻐서 함께할 수 없었던 안타까운 전설 때문에 성벽을 기어오르는 '덧없는 사랑'이 왠지 공허해 보인다. 손을 뻗어도 닿을 수 없는 허상. 나팔꽃은 아픔을 꾹꾹 눌러 담아 사랑으로 승화시킨 화공의 웃음인가. 피를 토하듯 애환을 그려내는 남편의 그 슬픔을 누군들 짐작이라도 하겠는가. 드러나는 겉모습이 전부가 아니라는 것을 나팔꽃에서 배운다. 사랑은 기쁨보다 아픔인 것을.

나팔소리 한번 내보이기 위해 벌도 나비도 오지 않는, 감고 올라갈 지주도 없는 허탕에서 얼마나 안간힘을 썼을까. 그렇다. 좋은 환경에서 불어주는 나팔소리보다 안간힘을 쓰면서 얻어낸 그 낮은음이 훨씬 울림이 크다. 그것은 과정이 결과보다 귀하기 때문이리라.

찬란한 연주는 하루를 견디지 못하고 입을 닫는다. 아침에 폈다 오후에 지는가 싶더니 다음날, 다시 또 다른 나팔이 새로운 소식으로 하루를 열어준다. 내일은 또 다른 나팔이 훨씬 큰소리로 울려줄 것을 믿는다. 내 삶도 꽃처럼 한번 활짝 웃고 싶다. 늦게라도 크게 한 번 팡파르를 울리고 싶다. 누군가를 위해 나팔을 불고 싶다. 감미로운 선율을 만들기 위해 최선을 다해 음을 다듬어야 할 것 같다.

보이지 않는 길

거울 앞에 나와 마주 섰습니다.

흘러가 버린 날들의 결 사이로 먹빛 농담이 번집니다. 반백 년의 세월 속에 머물렀던 잠든 세월이 아릿한 통증을 싣고 다가옵니다. 낡은 필름이 덜컹거리며 돌아가는데, 지워 버리고 싶은 장면이 구석진 자리에서 인생의 스크린에 상영됩니다. 막이 바뀔 때마다 아픈 기억이 앞장을 섭니다.

당신은 참으로 당돌했군요. 좋아하는 사람과 함께라면 가는 곳도 묻지 않았던 나이였지요.

오랜 기다림 뒤에 부모님의 뜻을 거스르고 어렵사리 결혼식 날짜가 잡혔습니다. 예식장 예약을 하고 청첩장을 찍으면서 행복에 겨워 구름 위에 둥둥 떠 있을 때, 시아버지의 부음이 회오리바람을 타고 몰아쳤습니다. 유가의 전통 예법이 실생활에 남아있던 시절이라, 택일을 받아 놓은 이상 마지막 길을 배웅해야 하는 것이 며느리의 도리라는 반가의 예 앞에, 마당에 멍석 한 닢 깔고 통곡하며 절 두 번으로 혼례는 끝났습니다.

외아들인 그는 그길로 아버님 주검 앞에 엎드렸고, 당신도 울면서 타박타박, 남편의 뒤를 따랐죠. 초겨울 찬 바람에 초가집 사립짝에 걸린 조등弔燈이 깜박이던 밤이었습니다. 하얀 드레스 대신에 삼베적삼을 입고 혼백 앞에서 사흘 밤낮을 향을 피우고, 절을 올리는 상흔이 남아 있습니다.

황망 중에 장례를 치르고, 받아 놓은 혼례 날에 남편이 혼수함을 들쳐 메고 서먹하게 당신 집 사립문을 들어섰습니다. 천지에 이런 법이 어디 있느냐며 눈물범벅이 된 어머니는 조심스럽게 함 뚜껑을 열었습니다. 첫눈에 들어 온 것은 청실과 홍실로 곱게 맨 두루마리 한지였습니다. 결 고운 화선지에 가는 붓으로 또박또박 써 내린 시아버지의 육필 편지였습니다.

'사랑스럽고 어여쁜 새아기에게'로 시작해서 며느리를 향한 사랑과 시집살이의 법도가 스며있는 유훈이었습니다. 삼 미터가 넘는 두루마리 편지는 지금껏 살아오면서 흔들릴 때마다 당신을 다독여 주는 경구이자 가훈으로 살아 있습니다. 경각을 다투는 시간에, 아직은 조심스러울 수도 있는 며느리에게 애틋함을 담은 장문의 편지로 남긴 유훈을 어찌 소홀히 대할 수 있겠습니까.

일탈의 가장자리에 설 양이면 언제나 아버님의 말씀으로 다잡곤 했었지요. 더없이 귀한 사랑을 유산으로 받았습니다. 자자손손 물려 줘야겠습니다.

　당신은 무던히도 어머니의 속을 긁어댔을 성싶네요. 부모님의 안중에도 없는 사람과 짝이 되겠다고 앙탈을 부렸으니 말입니다. 당신은 어머니의 가장 아픈 옹이였습니다. 부모님의 만류를 거역하고 스스로 선택한 길이, 꽃가마는 고사하고, 상여를 앞세웠으니 그 불효를 씻을 길이 없습니다. 그토록 뇌이시던 범보다 무섭다던 가난을 눈물로 씹고 있었지요. 삶의 베틀 위에서 넘어지지 않으려고 안간힘을 쓰고 있던 당신의 모습이 설핏 비칩니다. "기죽지 말고 당당해라" 어머니의 그 한마디가 당신의 풀죽은 자존감을 한껏 부풀게 했습니다.

　크게 칭찬해 주고 싶은 기억이 도드라지게 웃고 있네요.

　일찍이 명예퇴직하고 마음 둘 곳 없어 서성일 때, 친구 권유로 수필 창작반에 발을 들였지요. 《에세이21》에 원고를 보내 보라는 말을 듣고 작품을 보낸 것이, 뜻밖에 완료 추천의 영광을 얻었습니다.

　친구의 결혼 청첩장을 받아 들고 눈물을 찍어내던 울보였는데, 〈띄우지 못한 청첩장〉이 2011년 가을호에 완료 추천되면서 아픔이 더 큰 기쁨이 되었습니다. 쓰디쓴 과거가 달콤한 현실로 승화된 셈이지요. 벅참의 눈물을 펑펑 쏟았습니다. 세상을 향해 띄운 청첩장은 결혼식에 초대받을 하객보다 더 큰 박수를 보내주었습니다. 기쁨은 슬픔을 디딤돌로 밟고 걸어오는가 봅니다.

글을 쓰면서는, 혹 어떤 이가 삶이 혼란스러울 때 그 처지가 혼자만이 아니라 '너도 그랬구나' 하면서 위로와 힘이 되는 글을 쓰고 싶었습니다. 삶의 또 다른 길을 내보겠다는 당찬 포부였지요. 하지만 아직도 수필의 집 언저리를 맴돌고 있으니, 부족함을 더 채워야겠습니다. 그래도 각종 신문사 주최, 문학 대전 공모 전에서 꽃다발을 받은 것으로 위안을 삼습니다.

"우리는 끝을 알 수 없습니다. 이 사실을 아는 것만으로도 당신의 삶은 완전히 바뀔 수 있습니다."라고 한, 세계적인 베스트 셀러 작가이자 연설가인 지그 지글러의 명언이 가슴을 울리게 합니다.

당신이 선택한 길이 늪인지 숲인지는 누구도 알 수 없습니다. 선택한 길이 꽃길이 아닐 수도 있습니다. 로버트 프로스트는 '가지 않는 길'에 대한 마음을 노래했다면, 당신은 내디디고 있는 길에 대해 읊고 싶습니다. 하지만 당신이 가는 길을 당신도 알 수가 없습니다. 보이지 않는 길입니다.

당신은 지금 안온安穩한 숲길을 만들어 갑니다. 돌이켜 보면 그런 날들이 있었기에 오늘이 있는 것으로 생각됩니다. 아픔 뒤에는 배움이 있기 때문이지요. 서럽던 눈물이 이제는 감사로 노래합니다. 누리고 있는 작은 여유가 흐뭇합니다. 웨딩드레스는 그리움이란 이름으로 모습을 감췄습니다. 이제 내가 나를 토닥입니다. 희야! 장하다.

슛 Shoot

한줄기 눈물이 볼을 타고 흐른다. 녹색 가운을 입고 수술대 위에 누웠다. 짧은 시간 뇌리를 스치고 가는 것은 무엇일까. 대체 이제껏 무엇을 향해 질주해 왔단 말인가. 절박한 찰나에 육십칠 년을 거스른다는 것은 아무래도 무리일 테다. 눈물로 앞이 흐려지는 데도 또렷하게 막내가 떠오르는 것은 왜일까.

수술실로 옮겨졌다. 천장 회전 램프가 이생에 더는 없을 화려함으로 내게 스포트라이트를 비춘다. 기계음 속의 맥박 소리가 생생히 고동치는데, 그보다 더한 두려움이 내 온몸을 에워싼다. 민머리 위로 큰 덮개를 덮고 마취가 시작되자 저세상의 초입에라도 들어선 듯 아득하기만 하다.

"들립니까? 들리세요?" 간호사의 목소리가 희뿌옇게 들리더니

"슛! 슛!"이라는 의사의 지시어에 나는 어디론가 점점 멀어지고 있었다.

몇 달 전이었다. 아침밥을 지으려고 쌀독 뚜껑을 들자 오른쪽 갈비뼈 아래로 경직되는 느낌이 전해졌다. 그날 잠자리에 들 무렵에는 허리를 움직일 수 없을 정도로 통증이 심해졌다. 다음 날부터 한의원, 정형외과, 내과를 두루 섭렵하다시피 했지만, 병명을 알 수 없는 통증은 좀처럼 가시지 않았다.

종합병원에 들렀다. 뜻밖에도 척추 이상으로 진단받았고 사흘 뒤로 수술을 예약했다. 순식간의 통보에 혼이 나간 듯 병원을 걸어 나오는 다리에 힘이 빠져 휘청거렸다. 다친 적도, 아팠던 기억도 없었기 때문이다. 다리만 후들거리는 것이 아니라 두려움에 떨고 있는 마음은 더 크게 휘청이기 시작한다.

죽음과 나는 늘 거리가 멀다고 생각했었다. '삶과 죽음은 하나'라는 말도 그냥 예사로 듣곤 했다. 이제는 그 말을 강하게 부정하고 싶은 심정이다. 별일 없을 거라고 위로하는 지인들의 말도 꼭두군사일 뿐 조금도 도움이 되지 않았다. 별문제가 없기를 바라면서도 최악의 경우를 대비해 나는 이미 정리할 것을 찾고 있었다. 무엇을 찾는지 온종일 어정거리고 불안정한 모습으로 어딘가를 서성였다. 어떤 말을 남길지도 생각나지 않았다. 유방암 수술을 한 친구는 수술을 앞두고 살림 정리도 하고, 유언장도 써 뒀다는데, 나는 불안하고 초조하기만 했다.

가시지 않는 긴장 속에서 예약된 날이 다가왔다. 가슴이 터질 듯이 방망이질을 해대었다. 먼 곳에 있는 아이들 모두가 왔다. 내 몸에서 하나씩 떨어져 나간 핏덩이들이 생의 문턱에서 다시 내게로 회귀하는 듯했다.

열 시에 잡혀있던 수술이 오후 세 시로 밀렸다. 다섯 시간, 어쩌면 내게 남은 시간이 다섯 시간뿐일 거라는 생각이 스친다. 행복했던 날들을 떠올리려고 안간힘을 써도, 잘못했던 기억들만 소록소록 돋아났다.

"여보! 통장은 ○○서랍에 있고, 인감도장은 ○○에 넣어 놓았어. 집 등기필증은…."

그이는 버럭 화를 냈다. 아마 그도 불안하기는 마찬가지였던 것 같다. 화라도 내고 소리라도 질러야 긴장이 조금은 가셨을 터이다. 정작 사흘 동안은 서로 눈치만 보느라 한마디도 못 하고 이 순간에 쓸데없는 헛소리를 늘어놓다니. 사랑한다고 말해 줄 것을, 더 살갑게 못 해 줘서 미안하다고 말할 것을 그랬다. 지나간 시간을 헛되게 쓴 것이 너무 아쉬웠다. 곁에서 아이들도 간절하게 기도하고 있었다.

"305호실 환자님, 수술 들어갑니다."

이제 혼자 가야 한다. 수술대 위로 옮겨지고 그이도, 아이들도 잡은 손을 놓았다. 잘못되면 끝일지도 모르는 마지막 이별인데 너무 멋도 없이 손을 놓았다. 이를 악물어도 눈물이 흘러내린다.

홀로 가는 그믐밤 하늘의 적막보다 더 외롭고 서러웠다.

"숯! 숯!" 아득한 그 소리를 끝으로 아무것도 기억나지 않는다. 다시 눈을 떴을 때는 주삿바늘을 주렁주렁 단 채 그이와 아이들 곁으로 나는 돌아와 있었다. 마음 가득 감사라는 단어밖에 생각나지 않았다.

"숯"이라는 의사의 지시어를 듣고 수술대 위에서 나는 어떤 생의 골대를 향해 달려갔던 것일까. 의식 없는 질주였더라도 죽음의 문턱에까지 이른 것만은 분명하다. 피를 말리는 수강료를 지불하고 깨우친 것은 생명과 사랑의 더 없는 소중함이다. 앞으로 남은 시간 동안 마음을 쏟고 바쳐야 할 영원한 가치가 무엇인지 가르침도 얻었다. 사랑의 따뜻함을, 실시간 동안 마음을 쏟고 바쳐야 할 영원한 가치가 무엇인지 가르쳐 주었다.

아픔은 사람을 철들게 한다고 했다. 죽음은 저 멀리 강 건너에 있는 게 아니라 삶과 같은 선상에서 함께하고 있다. 삶과 죽음이 공존하는 생 가운데서 어떻게 살아갈 것인가는 바로 어떻게 죽을 것인가와 같은 명제가 아닐까. 뒤돌아보며 후회하지 않기 위해 내 생을 바지런히 가꾸어 갈 것이다. 내일이 내 것이 아닐지 모르므로.